橿原神宮史

続編

田浦雅徳 監修

橿原神宮庁
国書刊行会

橿原神宮

外拝殿

平成 28 年、天皇・皇后両陛下ご参拝

昭和 44 年、浩宮徳仁親王殿下ご参拝

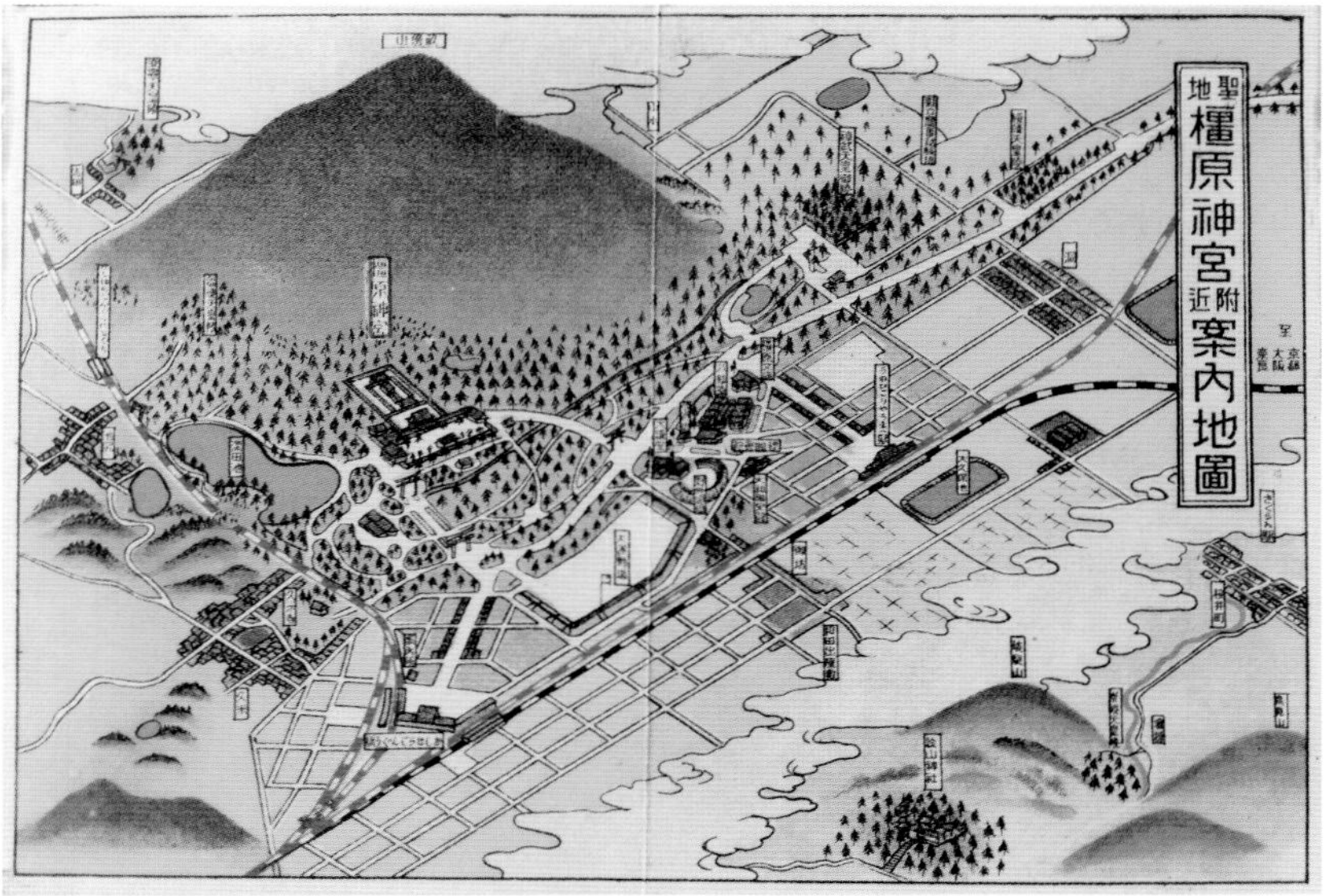

整備後の橿原神宮と外苑（「聖地橿原神宮附近案内地図」昭和 10 年代後半）

橿原だより　（号外）　昭和29年2月11日

橿原だより　号外

紀元祭に奉仕して

宮司　高階研一

橿原だより 号外（昭和 29 年）

4 月開催の祭礼ポスター（昭和 21 年）
※「れんぞ」は春の節日のこと

第五回橿原林間学園（昭和 29 年）

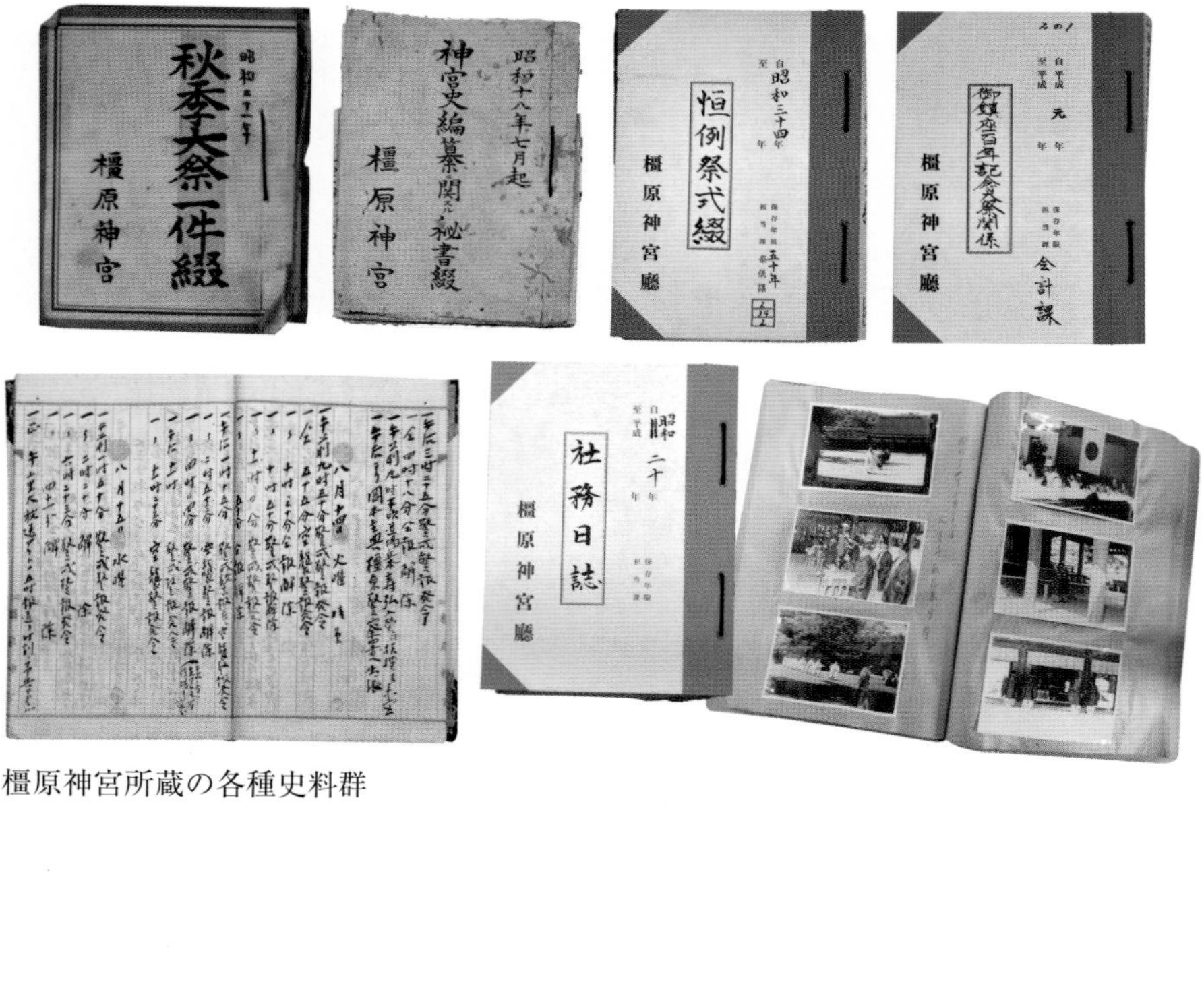

橿原神宮所蔵の各種史料群

序

昭和五十五年の御鎮座九十年にあたり当時の第十四代長尾薫宮司により『橿原神宮創営志』として、『橿原神宮史』巻一（明治二十一年～大正十年）・巻二（大正十一年～昭和十七年）を、また別巻として「神武天皇志編」と、内閣紀元二千六百年祝典事務局編纂の『紀元二千六百年祝典記録』（橿原神宮所蔵）より橿原神宮に関係する分を「紀元二千六百年橿原神宮造営記録」として、同じく「神武天皇聖蹟ノ調査保存顕彰」とを纏め、三巻三冊が発刊されました。当時まで橿原神宮史に類する書籍が発刊されたことは無く、御創建・御神域拡張整備・紀元二千六百年など昭和十七年迄のことを、歴代宮司がその時代その時代について役場等から必要な書類を借用書写したものを中心に、編纂したものでありました。

さて令和二年は、国中が奉祝で沸き返った紀元二千六百年（昭和十五年）から八十年を迎えます。

この紀元二千六百年にあたり橿原神宮は、内務省による事業或いは紀元二千六百年奉祝会の事業として諸建設物整備や境域拡張整備が行われ、畝傍山を背景とした現在の壮大な橿原神宮となったのであります。

しかしながら、それから五年で終戦を迎えました。戦後の橿原神宮の歩みは極めて厳しいものであり、当時の宮司以下神職職員は如何に橿原神宮を守り、且つ維持していくかに心を砕かれた、困難な時代を過ごしていたのであります。

幸い世の中や人心が落ち着いて参りますと、御参拝の方々も以前のように戻りはじめましたことは有難いことでありました。

令和二年は橿原神宮にとり御鎮座百三十年の佳年を迎えますので、この記念事業として、戦中、戦後から現在に至るまでの歩みを纏めて『橿原神宮史 続編』として発刊することに致しました。御一読頂ければ幸いです。

本書発刊に際しましては皇學館大学の御協力を仰ぎ、暑い中、埃まみれになりながらも土蔵に入っての調査や資料のアーカイブ化に携わって下さった、先生・学生の皆様には大変な御苦労をお掛け致しました。また内容につきましても当初の希望通り、資料の羅列では無く読み物として執筆戴き、携わられた諸先生には誠に有難い限りであり、心から御礼申し上げ序文と致します。

神武天皇紀元二千六百八十年庚子
令和二年四月二日御鎮座百三十年記念大祭の日

橿原神宮宮司　久保田昌孝

橿原神宮史　続編　目次

執筆者略歴　*218*

凡例

本書は『橿原神宮史』巻一・巻二（昭和五十六年）、別巻（同五十七年）の続編として編纂されたもので、昭和十八年（一九四三年）から令和二年（二〇二〇年）に至る七十七年間の橿原神宮の歩みを記している（説明の都合上、昭和十八年以前に遡って記述した箇所もある）。

橿原神宮では創建以来、歴代の宮司によって鎮座の由来や宮域整備の沿革などに関する修史事業が模索されてきたが、拡張事業の繁忙や戦時期の混乱のため実現することがなく戦後に至った。ただし、その間も絶えず史料の収集や筆写の努力が払われていた。

昭和五十五年（一九八〇年）、橿原神宮鎮座九十周年事業の一環として史料編纂事業が行われ、五十七年までに編年体の史料集『橿原神宮史』（全三巻）が刊行された。その内訳は、橿原御宮址の治定から橿原神宮鎮座の経緯、そして紀元二千六百年記念事業による整備を含み昭和十七年に至る約五十年の歩みをまとめた「橿原神宮創営志」二巻、そして別巻として神武天皇の御紀を第一に、

『日本書紀』より大日本帝国憲法に至るまでの関連史料をまとめた「神武天皇志編」一巻である。

本書は前回の『橿原神宮史』とはちがい、橿原神宮の歴史を神宮が保存する一次史料や刊行物に基づいて叙述する体裁を採用した。また編纂事業の柱として、史料目録の作成と史料のデジタル化も行った。

・本文中に引用、または掲載した史料や画像は特に断りのない限り全て橿原神宮所蔵。
・執筆にあたって参照・引用した史料や文献は段落ごとに（ ）内に示した。
・引用に際しては読みやすさを考慮し、適宜句読点を加え、難読漢字にはルビを振り、旧漢字を常用漢字に改めた。また、明らかな誤字・誤植は引用者の責任で修正した。
・引用史料の中略箇所は「……」と表記した。
・現在では使用されていない用語については、歴史的用語（固有名詞）や引用史料中に限りそのまま用いた。

橿原神宮史　続編

第一章　太平洋戦争下の橿原神宮

第一節　戦争完遂と橿原神宮

戦時下の祈願祭と崇敬者との関係

昭和十六年の太平洋戦争開戦から一年数か月を経た昭和十八年、戦時下の橿原神宮では、戦争の勝利を祈願するための祭礼や行事が繰り返された。もちろん、その間にも神武天皇祭をはじめ、生産奉謝祭、新嘗祭、八紘祭など定例の祭礼は通常通り行われている。

昭和十八年四月三日、神武天皇祭に合わせて大政翼賛会が主催する大東亜戦争完遂祈願祭（米英撃滅祈願祭）が執行された。祭典当日は大政翼賛会事務総長後藤文夫、中部第六十五部隊長三浦忠次郎、奈良県知事堀田健男などが参集した。これに先立つ三月、高階研一宮司は大政翼賛会奈良県支部からの依頼で奈良県支部顧問に就任している。（昭和十八年三月起 大政翼賛会関係書類）

写真1　大東亜戦争完遂祈願祭案内状

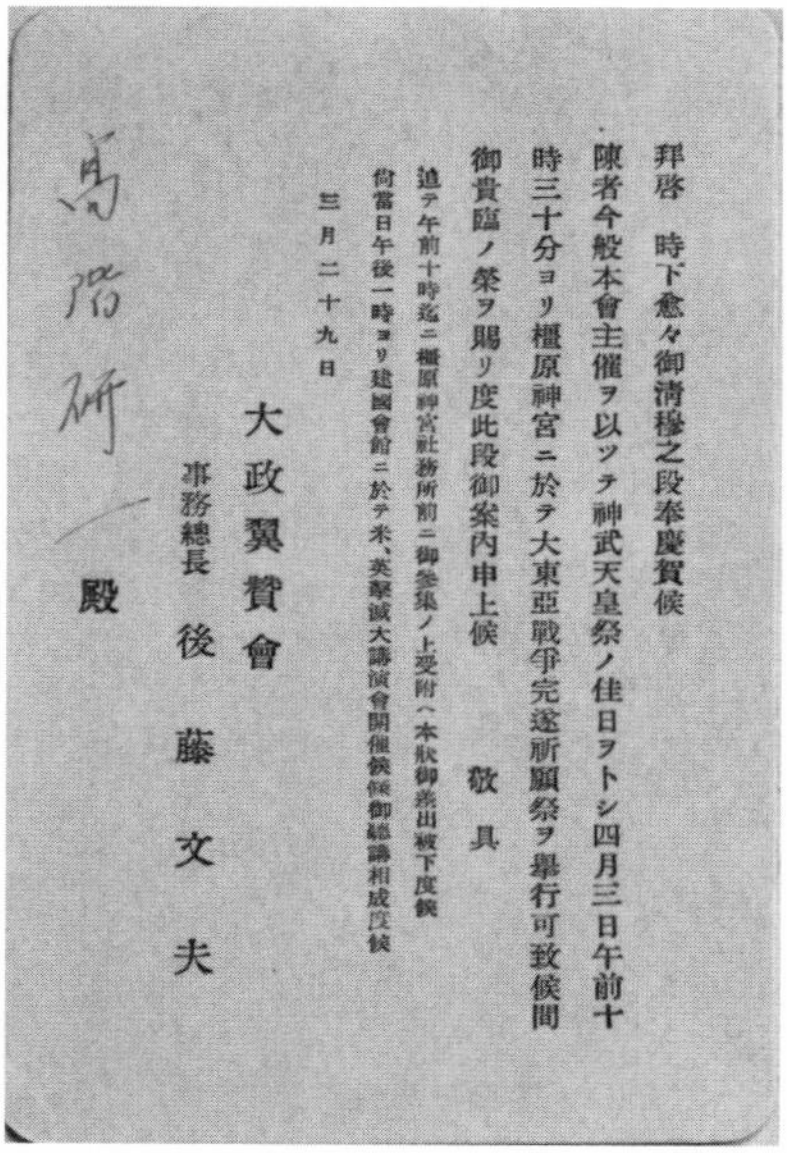
拝啓　時下愈々御清穆之段奉慶賀候
陳者今般本會主催ヲ以ツテ神武天皇祭ノ佳日ヲトシ四月三日午前十
時三十分ヨリ橿原神宮ニ於テ大東亜戦争完遂祈願祭ヲ挙行可致候間
御貴臨ノ栄ヲ賜リ度此段御案内申上候　敬具
追テ午前十時迄ニ橿原神宮社務所前ニ御参集ノ上受附（本状御差出被下度候
尚當日午後一時ヨリ建國會館ニ於テ米、英撃滅大講演會開催候條御聴講相成度候
三月二十九日
大政翼賛會
事務総長　後藤文夫
高階研一　殿

昭和18年4月3日、神武天皇祭に合わせて大政翼賛会主催の大東亜戦争完遂祈願祭（米英撃滅祈願祭）が執行された。

昭和十八年の米英撃滅祈願祭は大政翼賛会が主催して行われたが、続く十九年、二十年は橿原神宮が主体となり米英撃滅完遂祈願祭と名称を変えて四月三日の神武天皇祭と共に斎行された（昭和十九年官祭綴、昭和二十年官祭綴）。

戦局の悪化が色濃くなった頃、昭和二十年五月二十一日から二十六日にかけて、寇敵撃攘《こうてきげきじょう》祈願祭が行われた。これは内務省訓令に基づき「国民挙《こぞ》リテ特ニ寇敵撃攘ノ熱禱《ねっとう》ヲ捧ゲ以テ愈々《いよいよ》神明ノ祐助ヲ祈請」するために全国の神社で行われた祭儀（大祭）である。この祭儀における祝詞には、当時の戦局が反映されている。本文中では、アメリカ軍が「遂《ついに》爾沖縄爾《に》逼《せまり》里氏《て》　強《あながちに》　爾之乎《これを》侵《をかし》　奪《うば》波《は》牟《む》登《と》須《す》」状況であることが示された上で、日本の守護を神に祈る言葉が綴られている。

ただし、この祭礼における祝詞は橿原神宮独自のものではない。祭礼実施に関する内務大臣の通牒に添付されて神宮へ送付されたものであり、全国の神社で同じ祝詞が読まれたのである（昭和二十年私祭綴）。

写真２－１　大東亜戦争完遂祈願祭の特別参列員（大政翼賛会関係者）

写真２－２　大東亜戦争完遂祈願祭における靖国舞

この他、大詔奉戴日《たいしょうほうたいび》にも祈願祭が執行された。大詔奉戴日とは、太平洋戦争の開戦が十二月八日であることにちなんで毎月八日に設定された記念日のことで、国民の戦意高揚をはかるため全国で様々な行事が行われていた。

崇敬者による活動としては、様々な団体の奉仕活動の実施が挙げられる。昭和十八年七月には満洲から内地を訪れた錦州高等女学校生徒五十名による境内の清掃奉仕活動が実施された。これは「在満邦人子弟ヲシテ皇国悠遠ノ姿ヲ感得セシメ以テ在外邦人トシテノ覚悟ヲ新ニセシムコト」を目的とした活動であった。また昭和十九年九月の高市郡の青少年団動員大会においては、四千名以上の国民学校初等科児童が境内で草刈奉仕を行った。これ以後、二十年六月頃まで数十〜数百名の児童による奉仕活動が断続的に実施された（高市郡内国民学校勤労奉仕記録簿）。

昭和十八年九月八日に日独伊三国同盟の一国であるイタリアが単独講和すると、その翌日に「撃チテシ止ムノ決意確固トシテ敵米英撃滅祈願」のため畝傍町民一同が橿原神宮を参拝した。

また祭礼や奉仕ではないが、昭和十八年十二月六日に大阪中央放送局が来宮し、神宮で演奏する「米英撃滅祈願太鼓」を録音したこともあった。

その他、祝詞の神前奉納依頼が寄せられることもあった。昭和十九年五月十九日には文芸評論家の保田《やすだ》與十郎《よじゅうろう》が「聖戦貫徹ヲ祈念ノ為メ出征知友ニ贈ラントノ念願」を込めて著した祝詞を奉納している（昭和十九年度以降雑件綴）。

このように、橿原神宮では戦時下特有の祭礼や行事が多数行われ、また勤労奉仕団が来宮した。地域の崇敬者は個別に、あるいは集団でしばしば参拝を行ったが、遠方のため参拝することのできない崇敬者は御神札の授与依頼を郵便で送付した。この依頼は年間を通じてほぼ毎日数通程度寄せられていたほか、小為替を用いた賽銭奉納もしばしば行われた。賽銭の奉納記録には、満洲国や台湾、朝鮮などの在外居留民や海軍軍艦の名前も散見される。多くが日本の勝利や兵士の武運長久を祈って行われた賽銭である（受付発送簿）。関東神宮（日本の租借地である関東州の旅順に所在）や北京神社といった外地の神社から規約等についての資料提供依頼が寄せられることもしばしばあり、国内外の神社との幅広いネットワークが構築されていたことが分かる。

戦時期における祈願祭施行回数、参拝者数は膨大である。終戦時点の記録は残っていないが、昭和十二年七月の日中戦争勃発から昭和十八年七月に到る六年間の統計によれば、神社主催の祈願祭は計四四二四回、参拝者数は延べ二二二四万五一一五人である。一年あたり平均して約三七〇万人が橿原神宮を訪れていたことになる。（昭和十八年雑件綴、昭和十八年雑書綴）。

皇族及び政府・軍の高官、関係諸国要人の参拝

昭和十八年から二十年の終戦にかけて、多数の皇族が橿原神宮を正式参拝した（附二「天皇・皇

写真３　賀陽宮治憲王殿下参拝写真（昭和 18 年 8 月 4 日）

族親拝記録一覧」参照）。

　また、政治家や官僚、陸海軍の高官らの正式参拝・特別参拝が頻繁に行われている。就任または退任に際し、伊勢神宮、橿原神宮、畝傍御陵、熱田神宮、桃山御陵（明治天皇陵）を歴訪する慣習があったためであるが、就退任とは無関係に行われる参拝も多く、戦中期を通じ参拝者名簿には連日にわたって様々な人々が記載されている（附一「昭和十八年～終戦における正式・特別参拝者一覧」参照）。

　国外からの参拝者も多かった。関係各国の訪日視察団等の国内巡遊ルートに橿原神宮が組み入れられていたからである。フィリピン訪日視察団（マニラ市長他十八名）、緬甸《ビルマ》渡日視察団・同国大使「テーモン」・銀行局長「ウーチヅタン」、満洲国合同訓練員、訪日満

写真4　賀陽宮美智子女王殿下参拝写真（昭和18年8月10日）

洲記者団、満洲国仏教総会の釈禅定、ジャワ中央参議院議長スカルノ及びモハマッド・ハッタとキ・バグス・ハディクスモ、朝鮮農村中堅青年錬成隊、満洲国大同学院研究所などを挙げることができる。また、同盟国であるドイツの駐日大使スターマー夫妻も参拝している。

政府関係者・視察団などと高階宮司ら神宮側関係者が撮影した集合写真を貼ったアルバムが何冊も残っており、参拝当時の様子を知ることができる（昭和十八年社務日誌）。

写真5　岸信介参拝記念写真（昭和19年8月24日）
中央が岸信介、右が高階宮司。

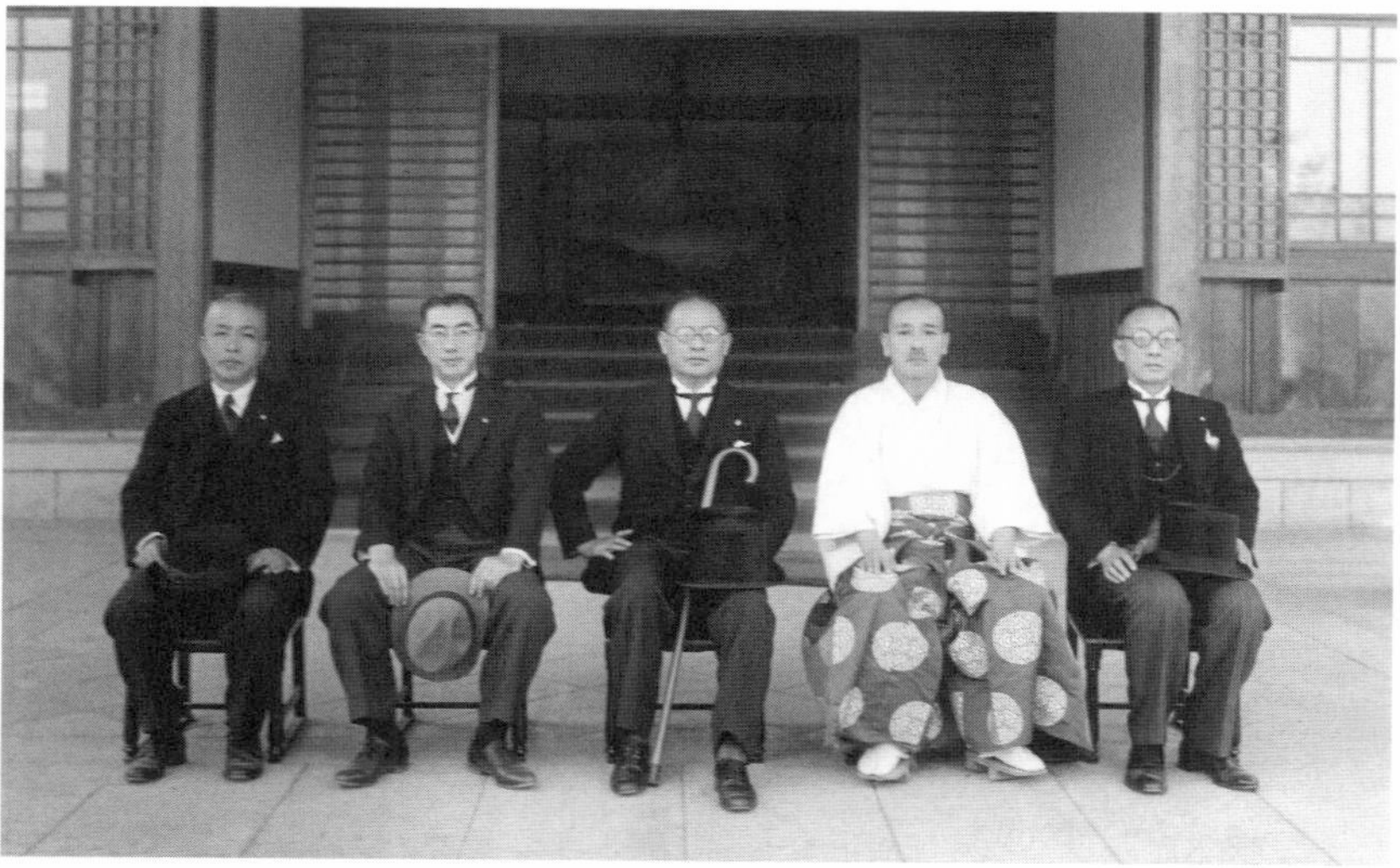

写真6　重光葵参拝記念写真（昭和18年5月1日）
中央が重光葵、右が高階宮司。

写真７　小磯内閣組閣奉告参拝記念写真（昭和 19 年７月 29 日）
前列左から２人目より順に海軍大臣米内光政、内閣総理大臣小磯国昭、司法大臣松坂広政、高階宮司。

写真８　ジャワ中央参議院議長スカルノほか参拝記念写真（昭和 18 年 11 月 25 日）
前列左から２人目より順にスカルノ、高階宮司、ハッタ、ハディクスモ。

写真９－１　ドイツ大使スターマー参拝記念写真（昭和18年5月10日）
左からスターマー夫人、ドイツ大使スターマー、高階宮司。

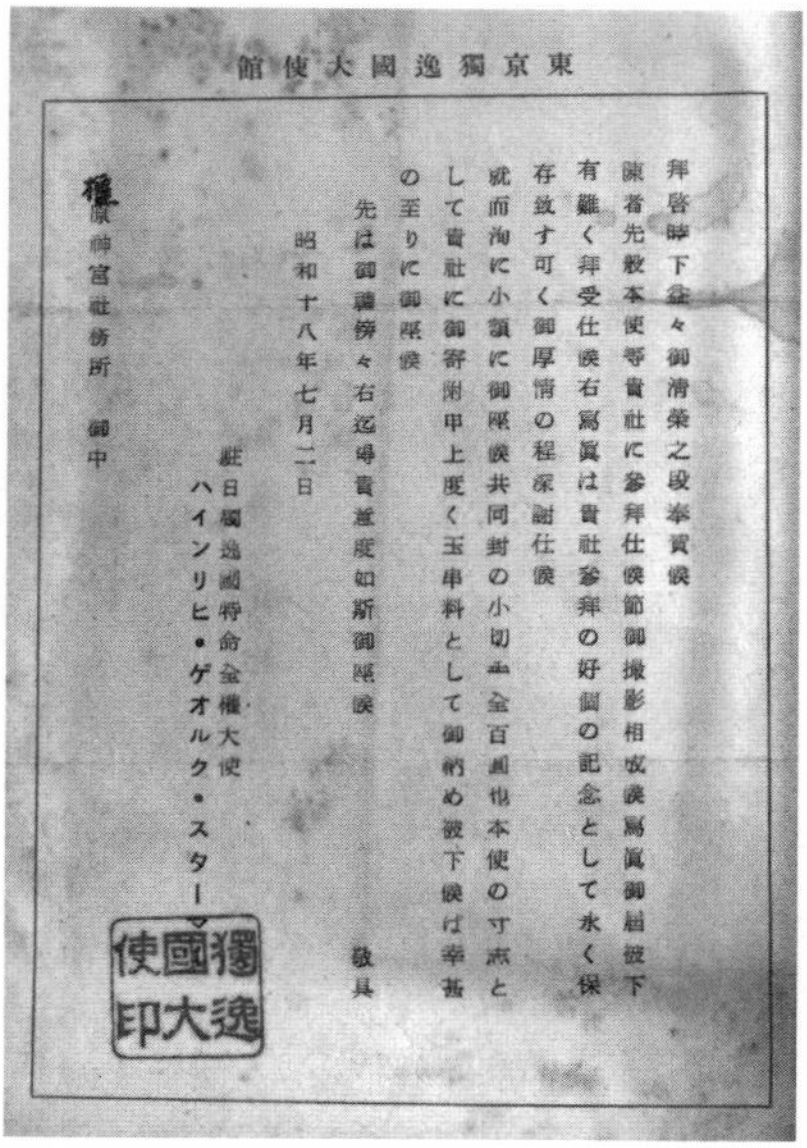

東京獨逸國大使館

拜啓時下益々御清榮之段奉賀候
陳者先般本使等貴社に參拜仕候節御撮影相成候寫眞御屆被下
有難く拜受仕候右寫眞は貴社參拜の好個の記念として永く保
存致す可く御厚情の程深謝仕候
就而洵に小額に御座候共同封の小切手金百圓也本使の寸志と
して貴社に御寄附申上度く玉串料として御納め被下候は幸甚
の至りに御座候
先は御禮傍々右迄得貴意度如斯御座候　敬具
昭和十八年七月二日
駐日獨逸國特命全權大使
ハインリヒ・ゲオルク・スター
獨逸國大使印
橿原神宮社務所　御中

写真９－２　スターマーからの参拝記念写真贈呈礼状

紀元二千六百年の外苑整備事業と橿原神宮における国威発揚行事

橿原神宮には外苑が附属し、大人数を収容することのできる設備が整っていたため、昭和十年代後半から終戦に至る期間、国威発揚・戦意高揚を目的とした様々な行事の会場として用いられ、また神宮はそうした行事に積極的に協力した。東京における明治神宮・神宮外苑と同じ役割を、関西では橿原神宮が担っていたといえる。

やや時間を遡ることになるが、橿原神宮外苑が整備された紀元二千六百年記念事業のあらましを述べておきたい。

昭和五年七月二日、橿原神宮宮司の菟田《うだ》茂丸《いかしまろ》は内務大臣に宛てて「第二回宮域拡張及建物修築ノ儀ニ付追願」を提出した。文書の中では、大正十五年に完了した第一回宮域拡張計画の後、周辺で各種鉄道の延伸が計画され参拝者の激増が見込まれることから外苑を含めた宮域の拡大が急務であることが述べられている。計画の竣成時期は昭和十五年、すなわち紀元二千六百年とされた。同年は明治二十三年の橿原神宮鎮座から五十年を迎える記念すべき年でもあり、事業の竣成と共に祝典を挙行することは「国家トシテ当然ノ儀」だと述べられている（「自昭和五年宮域拡張事業書類」）。

その後、議会でも橿原神宮拡張と周辺整備計画が可決され、昭和十二年に紀元二千六百年奉祝会の設置をみた。翌十三年には建国奉仕隊が組織され、主に近畿地方から集まった学校、会社、在郷軍人会をはじめとする団体・個人の有志による勤労奉仕で整備事業が進められた。

この事業によって大運動場、一万人を収容できる野外公堂、建国会館、宿泊施設（八紘寮）などが整備・建設された。これらの施設のうち、戦時期を通じて様々な集会や講演会などに使用された建国会館は、元々は昭和大礼に用いられた京都御所賜饌場であった。昭和五年に下賜され深田池畔に建てられたが、整備事業の際に外苑へ移築された（なお、戦後に橿原会館と名を変え集会場などとして用いられていたが、平成十年の台風で屋根を失う大きな被害を受け、修復は不可能と判断されて解体）。

昭和十五年二月に一連の工事が完了し、奉献式が行われた。外苑一帯は橿原道場と呼称された（現在の橿原公苑）。約二年間にわたり一連の事業に参加した奉仕隊員は延べ一二〇万人であった（藤田宗光『橿原神宮と建国奉仕隊』阪神急行電鉄百貨店部、昭和十五年）。

以上のように、昭和十五年に竣成した橿原神宮外苑整備によって、橿原神宮を中心とした祝祭・祝典を行う広大な空間が誕生した。戦時期においては、国の行事だけでなく各種団体、教育機関などが主催する多くの事業で外苑が活用された。

太平洋戦争中の昭和十八年、橿原神宮が実施に協力した最初の行事は、一月十六日から十七日に毎日新聞社が実施した「青年学校国防自転車行軍」である。この行事において、参加者は外苑の建国会館に集合して結団式と「銃後青年の夕」を行った後、翌日早朝に橿原神宮を参拝、橿原

第一節　戦争完遂と橿原神宮

写真 10　建国奉仕隊による作業風景（藤田宗光『橿原神宮と建国奉仕隊』阪神急行電鉄、昭和 15 年より）

写真 11　橿原神宮外苑（橿原道場）に建つ建国会館（昭和 18 年撮影）
京都御所賜饌場を移築。戦後まで残っていたが台風被害を受け解体された。

神宮から奈良市、上野市、関町、一身田町《いっしんでん》、津市、松阪市を経て伊勢神宮に至る約一六四キロを走破した。

同月二十三日から二十四日には、大政翼賛会奈良県支部の主催によって「必勝祈願行軍力錬成会」が実施された。これは午後六時半に興福寺五重塔前に集合し、春日神社、大和《おおやまと》神社、談山《たんざん》神社などを経て翌日の午前十時半にかけて橿原神宮まで行軍演習を行う行事であった。

また、奈良県建国祭本部が二月十一日の紀元祭に開催した建国祭では外苑の運動場がメイン会場となった。宮城《きゅうじょう》遥拝、君が代斉唱、皇軍に対し感謝黙禱、紀元節唱歌奉唱などを行った後に参加者は順次神宮に参拝した。式典に引き続いて貴族院議員丸山鶴吉の講演会、音楽・詩吟大会、芸能奉献総合展覧会、弓道大会、模型飛行機飛翔競技大会、橿原神宮・吉野神宮・春日神社参拝駅伝競走などが行われ、約二万人が参加した。

戦前の陸軍記念日である三月十日には、「「撃ちてし止まむ」国民歌奉唱」の行事が外拝殿前で開催されている。これは、大阪新聞社が主催し大阪市内の高等女学校生約千名を集めて行われたもので、代表者が正式参拝した後に奉告文の奏上と誓詞の読み上げがあり、国民歌「撃ちてし止まむ」を奉唱した。同日には毎日新聞社主催で「撃ちてし止まむ」清書奉納奉告祭も催行された。

十月一日から七日、満洲国各機関の新規採用者三百名を集め、満洲国の国民教化組織である満洲国協和会の中堅会員育成を目的とした合同訓練が外苑で行われた（昭和十八年私祭綴）。

写真 12　橿原神宮参道と鳥居（昭和 18 年撮影）

写真 13　橿原神宮本殿（昭和 18 年撮影）

昭和十九年二月十一日、外苑では建国祭が開催され、前年と同様に式典と関連行事が執り行われた。二月十五日には奈良師範学校が開催した大社遥拝耐久徒歩訓練で参拝が行われたほか、四月三日に建国畝傍顕揚会主催の建国うねび祭が開催された。こうした行事以外にも、建国会館では不定期に様々な団体による修養・錬成行事が実施され、しばしば橿原神宮の宮司が招かれ講演会も行われた。

これまで見てきたように、戦時下においては戦意高揚を目的とした行事が全国的に開催され、橿原神宮も積極的に協力していた。ただし、この時期の神宮が軍事的な色彩一色に染まっていたわけではない。神宮内では神前結婚式が執り行われたり、奈良県内の青少年団による「玉石奉納」奉告祭が実施されたりと、橿原神宮は平時と変わらず崇敬者の日常の信仰の場として機能していた。

第二節　戦時中の活動

「神宮五十年史」編纂事業の開始

昭和十八年七月、橿原神宮では「神宮五十年史」編纂（御祭神御伝記等調査）事業を進めることを決定した。神宮の職員から係員を任命すると共に、編纂に携わる専門家を委嘱した。編纂員に起用されたのは、宮地直一、永島福太郎、高橋萬次郎の三名であった。宮地は内務省に勤務する傍ら東京帝国大学や國學院大學で神祇史を講義した学者である。また永島は中世史を専攻する学者であり、当時は奈良高等女学校で教諭を務めていた。高橋は神職を経て皇典講究所で礼典課長を務めた経歴があり、神道史に造詣が深かった（昭和二十年二月に死去）。

編纂事業は精力的に進められており、社務日誌にはしばしば編集会議の記述が見られるほか、昭和十八年十二月には高階宮司が神武天皇御聖蹟調査のため和歌山県へ出張している。

編纂作業は戦時中を通じて行われ、委嘱された三名以外にも神宮皇學館大学学長の山田孝雄などの有識者が関与していた。

終戦後の昭和二十年十二月、編纂と執筆が終了したため宮地と永島には謝礼が贈呈された（昭和十八年七月起 神宮史編纂ニ関スル秘書綴、昭和十八年社務日誌）。

昭和二十一年、完成した手書き原稿には「昭和二十一年稿　橿原神宮史」の表紙が付けられ五分冊にまとめられた。その内容は以下の通りである。

序説

前編　御創立の沿革　第一部

第一章　橿原宮阯の点定

第一章　太平洋戦争下の橿原神宮

第二章　神武天皇神廟創建の運動
第三章　橿原神宮の創建
前編　御創立の沿革　第二部
第四章　祭儀の創始
第五章　神武天皇崇祀団体の活動
後編　沿革　第一部
第一章　建物修築及境域拡張
後編　沿革　第二部
第二章　祭儀
第三章　皇室皇族の御崇敬
後編　沿革　第三部
第四章　士庶の崇敬
第五章　附属講社の設立とその活動
第六章　宮紋
第七章　神符及刊行物

この原稿は活字化して出版する予定であったと思われるが、ついに日の目を見ることはなく、

第二節　戦時中の活動

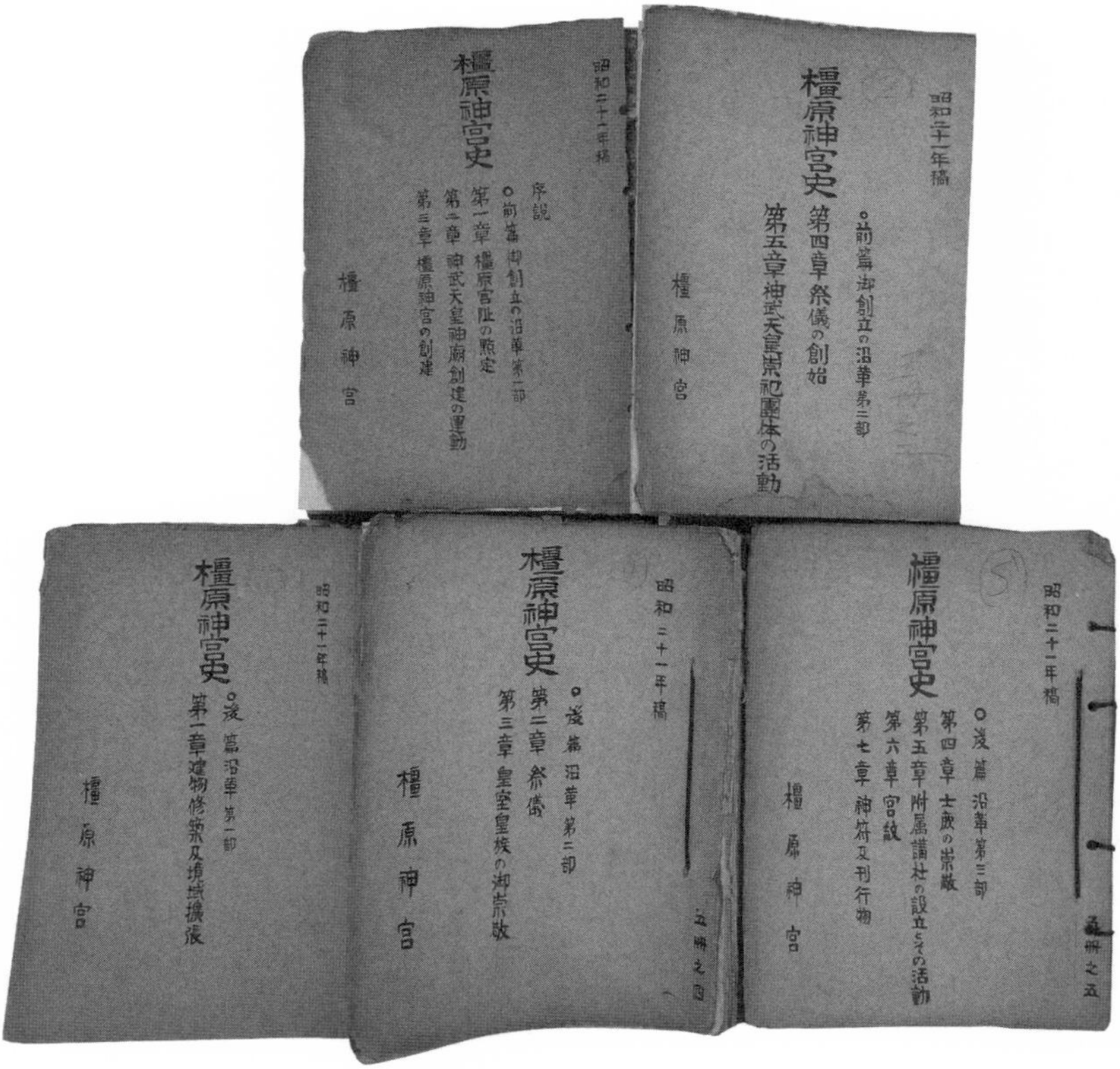

写真 14　幻となった「昭和二十一年稿　橿原神宮史」
昭和 18 年～ 20 年にかけて編集・執筆が行われ、手書き原稿が綴られたが活字化して刊行されることはなかった。

〝幻の橿原神宮史〟となった。活字化して刊行されなかったのは戦争直後の逼迫した経済的事情もさることながら、いわゆる神道指令が出されたGHQの占領下において、天皇制や皇室に関わる内容を公にすることが憚られたとも考えられよう。

各章は概説の後に史料が翻刻される形で構成されており、ここに翻刻して収められた史料は、戦後新たに編纂され昭和五十六年に刊行の運びとなった『橿原神宮史』に活用されている（橿原神宮史）。ただし、全ての史料が『橿原神宮史』に用いられたわけではなく、また各章冒頭の概説についてはこれまで世に出ていない。

現在もこの〝幻の橿原神宮史〟の草稿は橿原神宮に保存されている。

陸海軍への協力——軍用飛行機献納

明治期以来、対外戦争に際しては多様な形で軍事費の献金など個人・団体による協力が行われてきた。満洲事変以降は国防献金の名称が一般化し、集められた献金によって鉄兜から武器・兵器まで様々な軍需品が軍に献納された。

昭和十八年十月、橿原神宮は陸海軍に対し、銀翼献金として各十万円を献納した。

高階宮司は海軍省を訪問し、献納した十万円によって製造された飛行機に「金鵄号」と命名したいとの希望を伝え、九九式艦上爆撃機が「金鵄号」と名付けられた。

第二節　戦時中の活動

写真 15 - 1　銀翼献金によって陸軍に献納された八咫烏号（一式戦闘機「隼」）

写真 15 - 2　銀翼献金によって海軍に献納された金鵄号（九九式艦上爆撃機）

陸軍省からは、すでに他の団体が献納した飛行機に「金鵄」の名称を用いているため、別の名称を検討するよう指示があり、神宮が献納した一式戦闘機（隼）は「八《や》咫烏《たがらす》号」と命名された。献納奉仕祭は十一月に執行され、飛行機の命名式は陸海軍がそれぞれ橿原神宮外苑の建国会館で開催する運びとなった。陸軍からは陸軍大臣代理として大阪師団司令部附陸軍少将下川義忠が、海軍からは海軍大臣嶋田繁太郎が臨席した（「橿原神宮の銀翼献金」『朝日新聞』、昭和十八年社務日誌、昭和十八年私祭綴）。

また、同月中に献納飛行機奉告祭が執り行われ、祝詞には搭乗員及び献納した飛行機が任務を遂行できるように祈る言葉が織り込まれた（昭和十八年私祭綴）。

二機の献納後、橿原神宮では翌年も引き続き飛行機の献納を目指す方針を発表した。神宮が近畿日本鉄道株式会社に対して資金の寄付を呼び掛けたところ、昭和十九年八月に同社から第二金鵄号・八咫烏号の製作資金として二十万円の奉納があり、再び二機の飛行機が陸海軍に献納された。

その後、神宮は崇敬者に宛てて更なる献金を呼びかける文書を昭和十九年十月に差し出した。神宮の呼びかけに対し、一般の崇敬者だけでなく国内及び外地の企業からも献金が相次いだ。「全員一日奉仕の意味を以て」一日分の給料にあたる千円を献納する企業もあり、二十年三月までの間に再び多額の献金が集められたが、三度目の飛行機献納が行われた記録は見当たらず、詳細は不明である（軍用飛行機献納資金献金ニ関スル諸往復綴、昭和十九年十一月起 軍用機献納願発送先、昭和十九年度書類綴）。

空襲への備えと被害状況

昭和十八年、橿原神宮は斎館及び勅使館に防空暗幕を設置する工事を発注した。暗幕には本絹が用いられ、各窓に吊り金具で取り付けられた（昭和十八年度営繕ニ関スル綴）。また、空襲への備えではないが、同年に初めて境内の諸建物と神苑の樹木に避雷針設置工事が行われており、火災に対する備えが万全にされた（官幣大社橿原神宮境内避雷針設置工事設計書）。

B29による本土空襲は昭和十九年六月、九州地域に対して行われたのが最初である。サイパン島の陥落後は本州への本格的空襲が予想されたことから、八月になると畝傍町長・畝傍警防団長は「防空壕並待避所築造方ニ関スル件」を橿原神宮に提出した（昭和十九年庶務雑件綴）。

昭和十九年後半期からは空襲についての記述が社務日誌に登場するようになる。十二月十九日には、「地震ノ如キ爆発音ノ如キ……強度ノ震動」があり、異様な音響と共に橿原神宮に停電が発生した。宮司と主典は連絡を受けると直ちに登庁し即応の態勢を整えている。結局、震動と爆発音の正体は不明のまま空襲警報も解除されて事なきを得たが、警戒警報や空襲警報が発令される度に宮司や権宮司は神宮へ駆けつけねばならなかった。職員に対しては「警戒空襲警報発令中職員心得」に基づき灯火管制や有事の際の消火活動への参加が取り決められており、神宮内は常

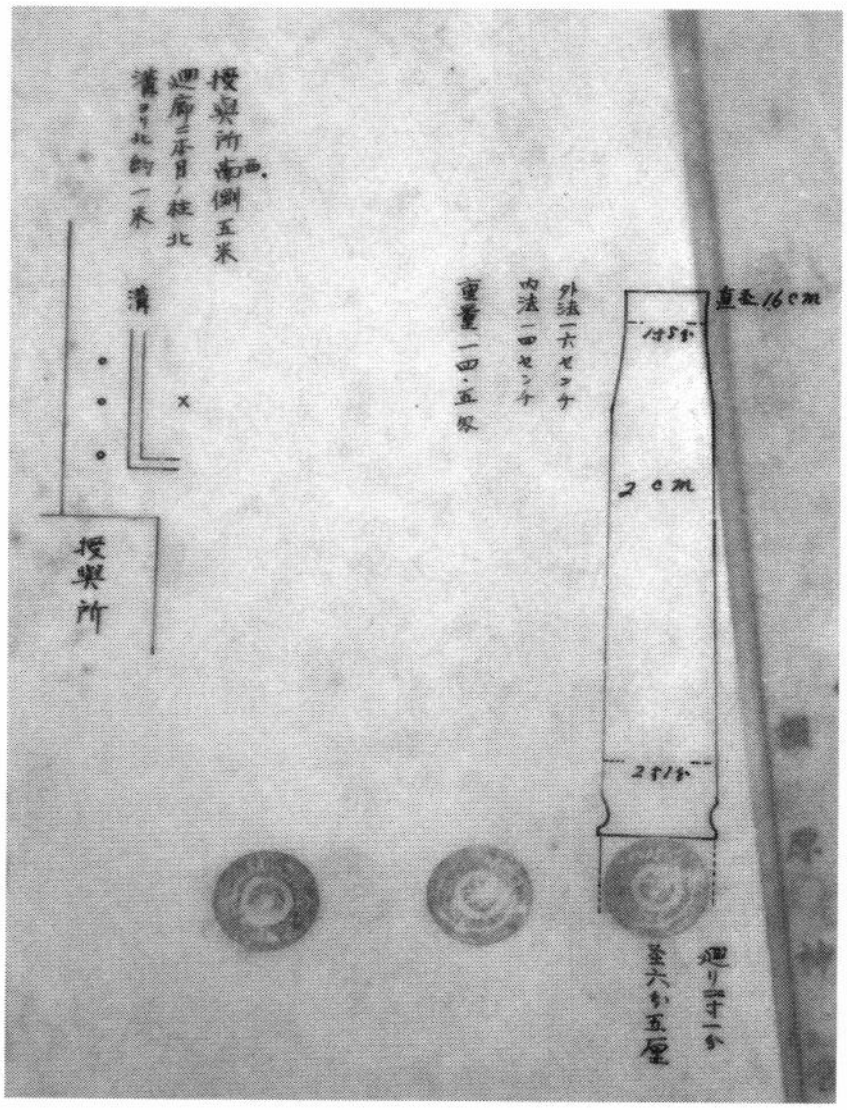

写真16　境内に落下した機関砲弾薬莢と落下位置を示す図

に精神的な緊張を強いられていたことが分かる。

昭和二十年に入ると、「一ノ鳥居前ニ焼夷弾落下」の想定のもとに防空訓練が実施されたり、防空壕等退避施設についての打ち合わせが行われ、実際に防空壕が建設された。

昭和二十年一月十四日には、空襲警報が出された直後、神宮上空に合計十八機のB29が白雲を引きながら現われ、飛び去るのが目撃された。この時、神宮に被害は発生しなかったが、授与所前に「十六ミリ口径機関砲弾薬莢」が落下しているのが発見され、即時回収し憲兵隊に引き渡された。落下場所の地図と薬莢の形状を原寸で描いた書類には、薬莢の底面の部分に朱肉を付けて印が捺されている（昭和廿年庶務雑件綴）。

本土空襲が激化するようになった昭和二十年四月、橿原警察署との打ち合せによって橿原神宮特設警備隊が組織された。これにより警戒警報発令時には十五名、空襲警報発令時には三十名が警防団から選抜されて橿原神宮に駆けつけ、万一の時には消火活動を行う体制が整えられた。

戦時中を通じて、橿原神宮には空襲による直接被害が及ぶことはなく、社殿を含む全ての建築物が戦後に引き継がれたが、橿原神宮前駅や神宮外苑（橿原道場）には小型機による機銃掃射が行われるなどの被害が出ている。

橿原神宮は、大阪方面へ向かうB29の進行ルートの直下にあたっており、しばしば上空を大編隊が通過した。編隊の姿を見送った後、大阪方面から上がった黒煙が橿原神宮からも遠望され、切歯扼腕したことが社務日誌にしばしば記されている。境内における直接被害はなかったにせよ、空襲被害、すなわちアメリカ軍による本土空襲の様子を実感する機会が多かったことから、後に述べるように伊勢神宮への空襲の報が伝わると、橿原神宮内には大きな動揺が走った（昭和二十年社務日誌）。

橿原神宮を取り巻く事件・事故への対応

昭和十九年一月二十一日、神宮裏参道の南側芝生約四百坪が焼失する火事が発生した。これは空襲とは関係なく、参拝者の煙草の不始末によるものであった。神宮側では火事を発生させた参拝者を説諭の上、釈放した。

同年三月二十七日には盗難事件が発生した。この日、橿原神宮では前大蔵大臣賀屋《かや》興宣《おきのり》の正式参拝があった。賀屋は午後二時半から貴賓館で小休憩を取り、本殿で参拝を行っていた。その最中、勅使館に「盗賊」が侵入し権宮司の外套を窃盗して斎館から逃走した。盗難が明らかになると橿原警察署に通報し直ちに捜査されたが、結局犯人は行方知れずで終わった。

また、同月二十一日には神宮が管理する神苑に地域住民が無断で侵入する事件が起こっている。侵入者は「松根《しょうこん》採掘ニ付、町長ヨリ当神宮境内ニテ採掘供出スヘシ」との命令があったと主張したが、神宮側では事実無根として厳重説諭の後、直ちに採掘を止めさせている。畝傍町長から松《しょ》根油《うこんゆ》増産のための採掘依頼が神宮に寄せられたのはこの事件後の二十五日であり、侵入者の主張とは食い違っている。

町長からの正式な依頼があると、神宮側は採掘の許可を出し、久米第一～第四町内会長の指揮監督の下、二十年初頭に地域住民の勤労奉仕により神宮裏の林苑で約二千貫が採掘された（昭和十九年庶務雑件綴）。

終戦まで橿原神宮では大きな事件は発生しなかったものの、積雪で麦などの作物が被害を受けたり、再び貴賓館裏の芝生で参拝者の煙草の不始末による火事が発生したりと小規模被害が相次いだ。また地域の国民学校児童二十名が神苑内の松葉や小枝を荷造りして無断で運び出そうとする事件も発生し、神宮は児童らに厳重説諭を行い荷造りした松葉を取り上げている（昭和十九年社務日誌、昭和二十年社務日誌）。

このように、戦時下の橿原神宮は祭礼や行事だけでなく、盗難事件や侵入者などの問題、また地域との連携による国家への協力など、様々な事態への対処・対応が必要とされていた。だが、個別に対処して解決できることは、神宮にとって大きな問題ではなかったかも知れない。昭和十九年末から二十年にかけて、神宮の中では、悪化する戦局に対する焦りや為すすべのない空襲への怒りなどが大きくなり、戦争の状況が好転しないのは自分たちの「熱誠」が足りないためである、と内省する雰囲気が広がっていたからである。そうした神宮内の様子は、昭和十九年末と二十年初頭に立て続けに発生した東南海地震・三河地震以降、特に顕著になっていく。

東南海地震は昭和十九年十二月七日に三重県沿岸を震源として発生したマグニチュード七・九の地震である。三重県、愛知県、静岡県を中心に大きな被害があり、各所では津波の被害も大きかった。この日の社務日誌には「午後一時半頃、相当激甚ナル地震アリ。御本殿以下異常ナシ」と記されている（昭和十九年社務日誌）。

また、三河地震は、昭和二十年一月十三日に三河湾を震源として発生したマグニチュード六・八の内陸直下型地震で、東海地方の全域に深刻な被害を与えた。橿原神宮に実害はなかったものの、社務日誌には当時の状況が以下の通り記録されている。

今暁三時四十分頃、緩慢ナル水平動ヲ伴フ地震相当長時間ニ及ブ。爾後……余震アリ。御本殿以下諸建造物始メ境内ニ被害ナシ。

これらの地震については、戦時下の報道管制のため機密扱いとされ、当時は一般に対して詳しい状況が知らされることはなかった。社務日誌でも地震に関する続報の記載は確認できないが、余震については何度かの記述を見つけることができる。

度重なる大地震に引き続き、複数回にわたる余震が発生していた昭和二十年一月十五日、豊受大神宮（伊勢神宮）が空襲を受けたとの情報が橿原神宮へもたらされた。その情報は橿原神宮内を大きく動揺させた。従来、社務日誌には総じて淡々とその日の出来事が事務的に綴られてきたが、地震や空襲などが相次ぎ、伊勢神宮までもが空襲を受けるという状況に対し、やや興奮した筆致で国難を憂える文章が記されている。

> 本日朝来数度ノ地震アリ。日暮ト共ニ益々頻繁ニ震動、終夜ニ及ブ。ツラ〳〵慮《おもんぱか》ルニ、昨年稀有ノ旱害有之《これあり》、近来空襲アリ、地震アリ、殊ニ本日豊受大神宮御神域ヲ侵サレ悲憤ノ極。常ニ天佑神助ヲ蒙リテ悠久三千年、無窮《むきゅう》ノ宝祚ヲ仰キ来レル国民ガ今国運ヲ賭シタル大東亜戦争下ニ真ニ一丸滅私完勝ニ邁進スベキ秋《とき》、斯《かか》ル数々ノ凶事ノ続出ハ明カニ国民ノ熱意至ラズ、神意ニ副ヒ奉ルヲ得ザルニ対シテ天譴《てんけん》ヲ蒙リ居ルモノト恐察セラレ、国民ヲシテ承詔必謹、大御心ニ副ヒ奉ル可《べ》ク猪突セシメ得ザル吾等神明奉仕ノ聖職ニ在ル者ノ熱誠ノ足ラザル処、真ニ〳〵慚愧《ざんき》ニ堪エズ、一層熱誠奉仕ノ万全ヲ期シ以テ天譴ヲ免ゼラレ、更ニ偉大ナル神風ヲ仰ギ迎へ奉ル可ク熱誠奉仕ノ誓ヲ新タニ致シタル次第ナリ。

相次ぐ地震や空襲など数々の「凶事」を天譴、すなわち天罰であると見なし、自らの熱誠が足りていないためであると反省する内容である。早くも翌日には高階宮司が伊勢へ赴いて伊勢神宮

（皇大神宮・豊受大神宮）を参拝し、敵機による被害が伊勢神宮に及んだことを陳謝すると共に「凶敵撃滅」を祈願した（昭和二十年　社務日誌）。

橿原聖地国民義勇隊の結成

昭和二十年五月二十五日、奈良県国民義勇隊が結成され奉告祭が橿原神宮の神楽殿で執り行われた。国民義勇隊とは本土決戦に向けて全国民の動員を行うための組織で、二十年三月二十三日に小磯内閣が閣議決定した。後に大政翼賛会などの官制国民運動団体は、国民義勇隊へ発展的に吸収合併された。国民学校初等科を卒業した六十五歳以下の男子・四十五歳以下の女子に隊員の資格があり、市町村単位で編成する場合と、会社や工場などの職域で編成する場合があった。義勇隊には「皇国護持ノ大精神」のもとに防空や戦災復旧をはじめとする諸任務が与えられており、敵上陸により本土が戦場化した場合には義勇戦闘隊に改編され軍の指揮下で国土防衛にあたることになっていた。

奈良県における義勇隊の任務は特に主食食料の増産、木材・薪炭・松根油などの軍需物資生産増強とされ、全県民の総力集中に期待がかけられた。

六月十八日、高階宮司は奈良県国民義勇隊本部長に宛てて「職域国民義勇隊」結成の承認申請を提出した。これは、橿原神宮・畝傍御陵内畝傍監区事務所（宮内省管轄）・奈良県橿原道場職員

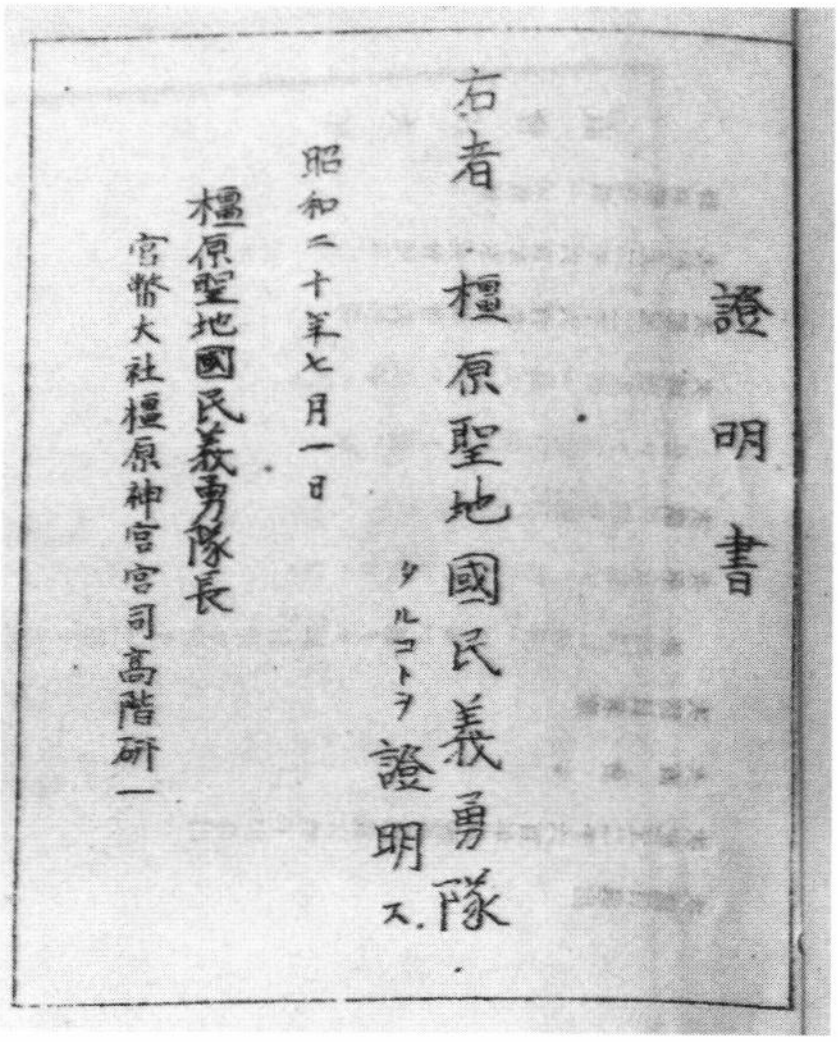
証明書

右者橿原聖地國民義勇隊タルコトヲ證明ス。

昭和二十年七月一日

橿原聖地國民義勇隊長

官幣大社橿原神宮宮司高階研一

写真17　橿原聖地国民義勇隊証明書

が合同で結成する職域義勇隊である。本部は橿原神宮社務所に置き、三区隊の下にそれぞれ班を置く編成である。隊長は橿原神宮宮司高階研一、副隊長は畝傍監区陵墓監杉岡正雄及び橿原道場長甲佐知定が務めた。隊の規模は隊長以下男子六十三名・女子二十三名で、そのうち戦闘隊要員は男子五十八名・女子二十名であった。

隊の名称には、橿原国民義勇隊、神武（振武）橿原国民義勇隊などいくつか候補があったが、最終的に橿原聖地国民義勇隊と名付けられ、七月六日に橿原神宮土間殿で結成式を執り行った。

七月十二日～三十一日にかけて、奈良県国民義勇隊本部から高取国民学校前における陣地構築工事のため橿原聖地義勇隊への出動指令が出された。記録上、出動命令が出されたのは一度だけである。工事のために出動する隊員には交通費（実費）と手当（十八歳以上は五円、十五歳以上十八歳未満は四円）が支給された。作業に際しては特設警備隊長の指揮に従うこと、スコップと弁当を持参することが通知されている。

橿原聖地国民義勇隊は、計画されてから組織化まで急速に進められたものの、実質的な活動期間は一か月にも満たないまま終戦をむかえた。終戦後の八月三十一日、解散式が土間殿で、解散奉告祭が神楽殿で斎行された（大和の隣組、昭和二十年六月起　橿原聖地国民義勇隊関係書類）。

第三節　終戦

終戦と大東亜戦争終熄奉告臨時大祭

昭和二十年八月十五日、日本はポツダム宣言を受諾し、太平洋戦争はここに終わりを告げた。終戦当日の社務日誌の記述は以下の通りである。

八月十五日　水曜

一　午前一時五十分　警戒警報発令
一　〃　二時二十分　解除
一　〃　六時二十三分　警戒警報発令
一　〃　四十一分　解除
一　正午、重大放送アリトノ五時報道ノ時刻ノ予告アリタレバ、宮司以下全職員待機シテ時ノ到ルヲ待ツ。定刻、国歌ノ吹奏終レバ玉音《ぎょくおん》ニテ勅語ヲ拝誦《はいしょう》ス。

戦争ニ於ケル犠牲ノ甚大ナルヲ聞召《きこしめ》サレ此レ以上赤子《せきし》ノ死スルヲ見ルニ忍ビズトノ恐キ（ママ）御聖旨詔書ナリ。誠ニ恐懼《きょうく》ノ極ミナリ。全員襟ヲ正シ慟哭《どうこく》ス。終リテ四ヶ国宣言ヲ受諾セル旨報道アリ。コ、ニ四歳ニ至ル大東亜戦、我ニ利ナクテ終《つい》ニ終結セリ。カクテ我々ハ大ナル決意ノ下ニ隠忍自重、国家百年ノ計ヲ建ツベク語リ合ヘリ。

一　（中略）全職員参拝ヲナス。

一　本日午后、鈴木内閣総辞職ス。

日誌には淡々とその日の経過が記されているが、玉音放送を全職員で聞き「慟哭」したという記述からは、終戦を知った神宮内の衝撃が非常に大きかったことが伝わる。

終戦の翌日には奈良県知事が正式参拝のために訪れた他、その後もしばらくは奈良県国民義勇隊・橿原聖地国民義勇隊の解散式及び奉告祭の斎行、八紘祭における宮司の「大東亜戦争終結」奉告、内閣総理大臣に就任した東久邇宮稔彦王の正式参拝などが続き神宮内は慌ただしかった。その一方、権宮司が神職講習会のため出張したり、高階宮司が奈良県神職講習会で講演会を行ったりするなど、神社としての活動は当面は終戦後も変わらず続いていた。

九月十八日には、大東亜戦争終熄《しゅうそく》奉告臨時大祭が行われた。この祭礼は内務省令に基づき新嘗祭に準じて催行されたもので、勅使として地方長官（奈良県知事）の差遣があった。大祭にお

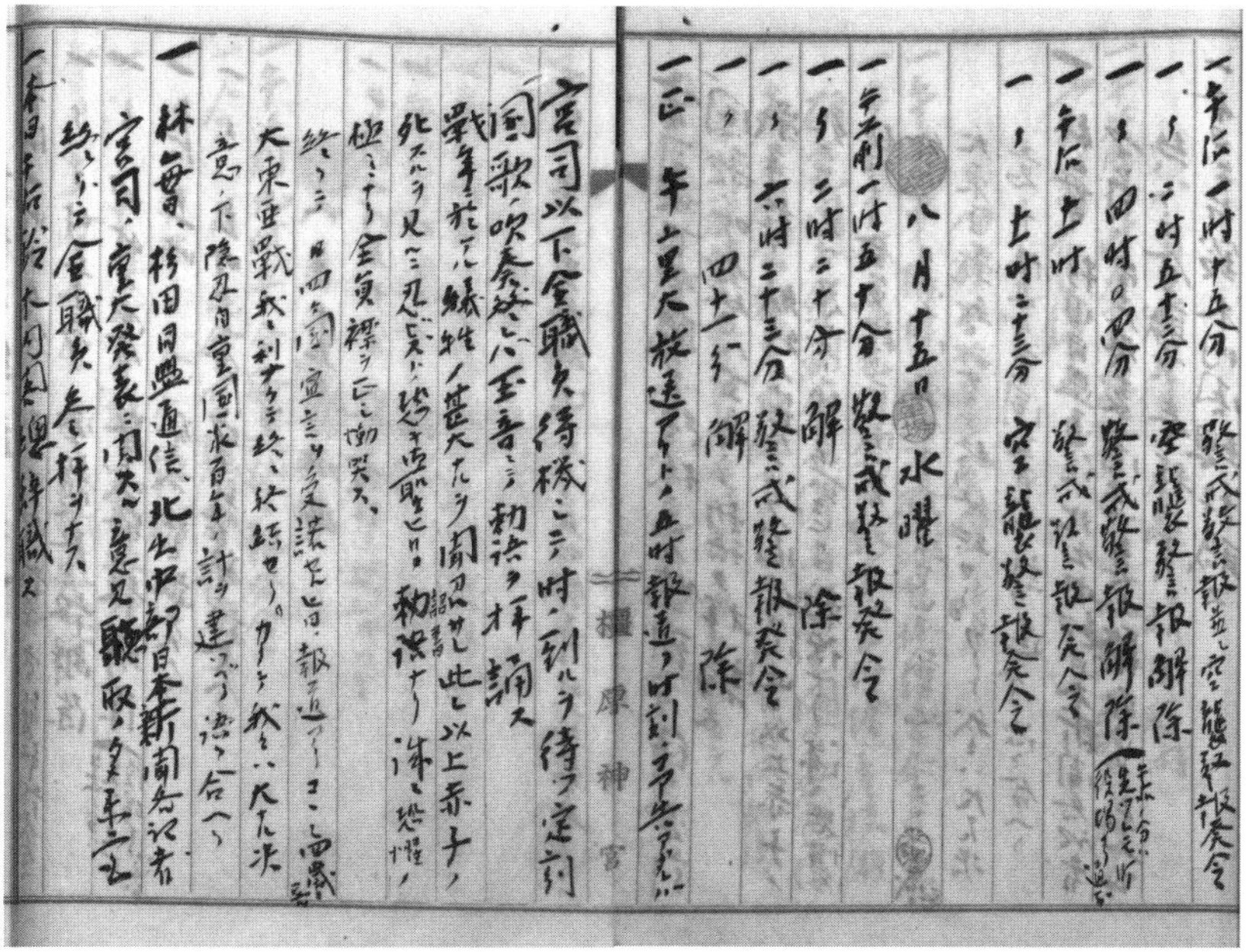

写真18　終戦の日の社務日誌（昭和20年8月15日）

ける祝詞では「戦《たたかひの》局《さま》波《は》必受《かならず》志《し》母《も》思布《おもふ》爾《に》任世《まかせ》受《ず》」と戦局が日本に不利になっていったことが示され、そして終戦の詔勅を部分的に引用しながら「畏久《かしこく》母《も》堪《たへ》難伎《がたき》乎《を》堪閉《たへ》忍《しのび》難伎《がたき》乎《を》忍坐志氏《しのびまして》」昭和天皇が終戦を受け入れたことが奉告され、そして、これからの日本を守り恵み給えと祈る言葉で締めくくられた。

祭礼にあたっては県内の要職者に案内状が出され、また神宮から畝傍国民学校に対し、御幣物辛櫃《からびつ》児として児童四名の派遣を求めた文書が出された（昭和二十年官祭綴）。

戦争の時代は終わり、終戦を奉告する祝詞と共に橿原神宮の戦後が始まった。

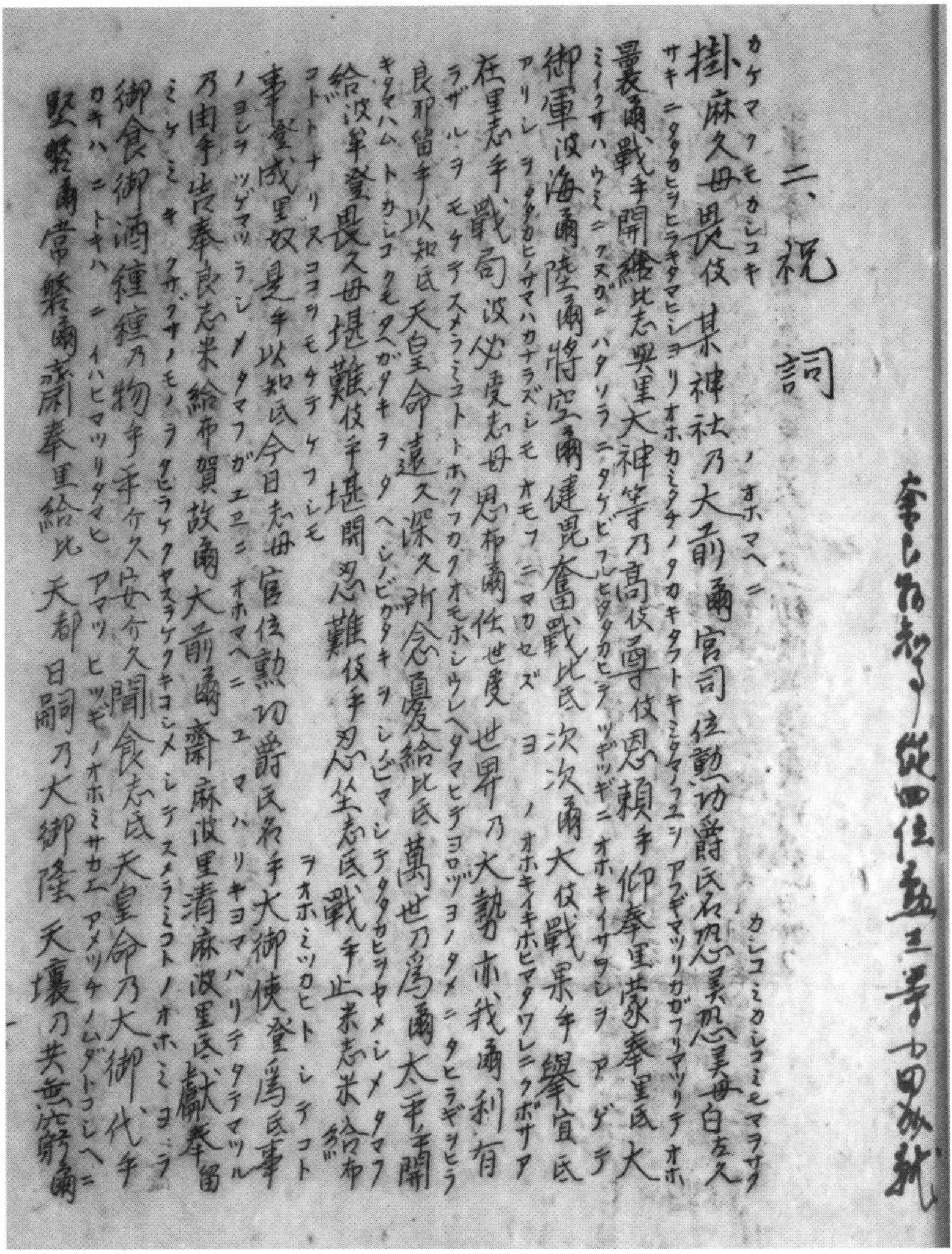
二、祝詞

掛麻久母畏伎　某神社乃大前爾　官司位勲功爵氏名恐美恐美母白左久
曩表爾戦乎開給比志與里大神等乃高伎尊伎恩頼乎仰奉里蒙奉里氐大
御軍波海爾陸爾將空爾健毘奮戦比氐次次爾大伎戦果乎擧宜氐
在里志乎戦局波必志母思布爾佐世度世界乃大勢亦我爾利有
良邪留乎以知氐天皇命遠久深久所念直憂給比氐萬世乃爲爾太平乎開
給波牟登畏久母堪難伎乎堪閇忍難伎乎忍坐志氐戦乎止米志米給布
事登成里奴是乎以知氐今日志母官位勲功爵氏名乎大御使登爲氐事
乃由乎告奉良志米給布賀故爾大前爾齋麻波里清麻波里氐献奉留
御食御酒種種乃物乎平介久安介久聞食志氐天皇命乃大御代乎
堅磐爾常磐爾斎奉里給比天都日嗣乃大御隆天壌乃共無窮爾

写真19　大東亜戦争終熄奉告臨時大祭の祝詞（昭和20年9月18日）

第二章　連合国軍の進駐と橿原神宮の維持経営

第一節　終戦直後の橿原神宮

終戦による変化の実態

終戦を迎えた橿原神宮は、直ちに大きな変化に巻き込まれたわけではない。神宮でおこなわれていた官祭について見てみると、まず定例のものでは、これまで毎月十一日におこなわれていた「生産奉謝祭」が昭和二十年八月十一日を最後に、九月以降おこなわれなくなるという変化はあった。しかし毎月一日、十一日、二十一日にそれぞれおこなわれる「始之八紘祭」「中之八紘祭」「後之八紘祭」は、八月二十一日以降も変わらずおこなわれたし、十一月三日の明治節祭、同二十三日の新嘗祭に関しても従来どおりおこなわれている。

正式参拝についても「正式参拝簿」では七月二十六日～九月九日の記録は確認できないものの、

「社務日誌」によれば八月十六日、八月三十一日に小田成就奈良県知事が、九月三日に近畿海軍航空隊司令官佐藤治三郎海軍大佐、九月九日には東久邇宮稔彦王（首相）が正式参拝をおこなっている（ただし東久邇宮稔彦王は皇族としての参拝であると記録されている）。その後九月十日には前田多門文部大臣が正式参拝をしており、十一月にかけて総理大臣以下各国務大臣およびその前任者、奈良県庁幹部らが次々に神宮を訪れた。彼らのなかには参拝目的が記されていないものもあるが、東久邇宮内閣（八月十七日成立）、幣原喜重郎内閣（十月九日成立）と短期間に内閣が交代しており、その就任ないしは退任を奉告するための参拝であったことは間違いない。最後の内大臣を務めた木戸幸一は、内大臣府が廃止（十一月二十四日）されて、まず伊勢神宮の外宮、内宮に参拝して「在官中の御礼、皇祖の無窮、国土安穏を祈願」した後、「畝傍山陵に参拝」し、橿原神宮を正式参拝している（同月二十九日、『木戸幸一日記』）。その翌日には桃山御陵（明治天皇陵）に参拝しているから、政府や軍、宮中の高官の就任ないしは退任にあたって、伊勢神宮→神武天皇陵→橿原神宮→明治天皇陵への参拝が当時、慣例になっていたことを示している。連合国軍が日本に進駐してきたとはいえ、このような慣例はなお引き続きおこなわれていたのであろう。

もちろん終戦の影響と考えられる変化もあった。昭和二十年の新嘗祭は、先述したように従来どおりおこなわれたが、参列者数は前年が三十九名だったのに対して、二十六名と減少している（社務日誌、昭和拾九年／昭和二十年官祭綴）。また新嘗祭にあわせておこなわれる、国民学校をはじめ全国各地の各種学校等からの新穀の献進も、前年の百十八件（白米八斗八升・玄米六斗五升・粟七升など）から五十一件（白米二斗一升・玄米六斗など）へと減少している（昭和十九年／昭和二十年以降私祭綴）。

このほか終戦の影響がうかがえる祭儀としては、①奈良県国民義勇隊解散式および奉告祭（八月三十一日）、②橿原聖地国民義勇隊解散式および奉告祭（九月一日）、③大東亜戦争終熄奉告祭（九月十八日）などがあげられる。

①は終戦後初の私祭であり、奈良県国民義勇隊（第一章第二節参照）の本部長を務める小田成就奈良県知事が正式参拝をした後、約三十名の参列者を得て土間殿にて解散式が、神楽殿にて奉告祭がおこなわれた。祝詞には義勇隊解散の目的が記されており、終戦の詔勅に示された「大御心」に副《そ》い、各自の本務に邁進するためであるとされた。②も式次第等は①とほぼ同じだが、橿原聖地国民義勇隊が職域義勇隊であったためだろうか（第一章第二節参照）、正式参拝はおこなわれておらず、祝詞にもアメリカ軍を「五月蠅奈須敵」と表現するなどの違いが見られる（昭和二十年以降私祭綴）。③については九月一日の始之八紘祭において「別辞ヲ以テ大東亜戦争終結ヲ奉告」されていたが、内務省から指示された式次第や奏上する祝詞にのっとり、全国の官国幣社や府県社以下の神社でおこなわれたものであった。橿原神宮へは小田奈良県知事が勅使として参向し、高階研一宮司が斎主を務めた。参列者は青年師範学校長谷原義一以下十六名であった（社務

日誌）。また昭和天皇が「終戦御奉告新日本建設御祈念」のため伊勢神宮と神武天皇陵、明治天皇陵に親拝されたが（十一月十四日）、橿原神宮への参拝は確認されない（社務日誌）。

戦地に赴いていた神宮職員も続々復員してきた。八月二十四日に森川守衛が神宮へ帰還の挨拶をしたのを皮切りに、島出仕と松井小使（同三十一日）、松井出仕（九月十三日）、佐藤主典（同二十四日）、吉田禰宜（十月二十五日）がそれぞれ復員し、十月二十一日には彼らの復員を歓迎する会が催された。一方で小串主典戦死の知らせがもたらされ（九月十三日）、池田出仕の通夜と葬儀（九月三日・四日）に、草場権宮司と石崎主典が参列するという悲しみもあった。久米寺で営まれた畝傍町出身軍人六十七柱の合同町葬（十月二十八日）に米沢主典が参列したのは、あるいは神宮職員の戦死という事実によるものかもしれない（社務日誌）。

また神宮は、大日本神祇会が手がけていた戦争罹災神職援護特別事業に対して、特別寄贈金を千円支出している。この事業は戦時中からの継続事業で、終戦後は援護の範囲を外地からの引揚げ神職にも広げる予定だったが、次節で述べる神社制度の改革による大日本神祇会解散にともない、いったん終結をみたものであった。昭和二十年度の決算報告によれば、事業収入は五万八千四百九十三円あり、このうち全国の神職や各神社からの寄贈金が約四分の三を占めていた。援護金は総額で四万八千三十五円が昭和二十年七月、二十一年一月、同五月の三回に分けて支出され、都府県別の対象人数と支出額では東京都が百八十四人・一万千九百六十円、大阪府が八十五人・

五千五百二十五円、兵庫県が七十人・四千五百五十円などとなっている。ちなみに奈良県や京都府に関しては支出されていない（昭和二十一年庶務雑件綴）。

ところで終戦の影響を受けながら従来どおりに新嘗祭を終えて、神宮では十一月二十五日に高階宮司の還暦祝賀会が開かれる予定であった。橿原神宮社務所内に祝賀会の事務局が置かれ（草場権宮司が取りまとめ）、神社界や関係者に案内が出された（十月二十五日から三百を超える神社や個人に順次発送）。これに対して祝賀会に出席するか否かを問わず、また案内が発送されなかったところからも、一口十円の祝賀の志が四百弱の個人・神社から寄せられた。ところが高階宮司は十一月二十三日の新嘗祭とその一連の祭儀を終えると、皇典講究所と大日本神祇会の用務により月末まで上京してしまい、祝賀会が開かれた形跡はない。そのかわり十二月六日に伏見稲荷、住吉、生國魂、熊野那智、四条畷、梅宮、建勲、吉野、廣田の各神社宮司、大阪府と奈良県の祭務官、「村上画伯」が来宮し、貴賓館にて還暦記念品の贈呈式がおこなわれた。一同は記念撮影をして、官舎で昼食をともにしている（昭和二十年十月高階宮司還暦祝賀会郵便電信発達簿、昭和二十年十一月高階宮司還暦祝賀関係文書）。

高階宮司の還暦祝賀会は開かれなかったとみられるが、それが企画されたこと自体、終戦後とはいえ、橿原神宮がこれまでと変わらない比較的平穏な空気に依然として包まれていたことを示す出来事であったといえるだろう。まさにそれは次に述べるＧＨＱの宗教政策によって、その存立基盤をほぼ根こそぎ奪われることになる、嵐の前の静けさとでもいうべきものであった。

第二節　ＧＨＱの宗教政策と橿原神宮

奈良軍政部の設置

終戦から半月ほどたって連合国軍最高司令官マッカーサーが日本に到着し、昭和二十年九月二日に降伏文書への調印が終わると、連合国軍の日本進駐が本格的に始まった。橿原神宮のある奈良県には、九月二十四日にアメリカ陸軍第六軍の一部将兵約二〇〇〇人が駐留を開始した。奈良県庁舎の一角に奈良軍政部が設けられ、軍政部トップの軍政長官にはマッカラム中佐、セントクレア中佐を経て、翌二十一年五月にはＲ＝Ｓ＝ヘンダーソン中佐が就任した（『奈良県の百年』）。

連合国軍の進駐開始当初は、進駐軍による神宮への対処がどうなるか不明であったためか、神宮参拝を見合わせようとする動きも見られた。九月二十七日に四条畷神社の御妣会員が恒例により神宮を参拝する予定で、宮司名の依頼状が神宮宛に出されていたにも関わらず、「進駐軍等ノ影響ヲ考慮」して参拝を中止する旨の申し入れが、当日になって四条畷神社から神宮になされたほどである（昭和二十年雑書綴）。

奈良県では連合国軍の進駐にそなえて、知事を本部長とする進駐軍受入奈良県実行本部が設けられ、英文の案内板を設置する一方、県民に対して「進駐軍を迎える県民の一般心得」を発表して警戒を呼びかけている。橿原神宮に対しても九月二十八日に県内政部長から、「車馬乗入禁止」「通行禁止」「社務所」「拝所」「禁煙」「注意　境内ニ於テ神社ノ尊厳ヲ冒スベキ一切ノ行為ヲ禁ズ」などに相当する英文制札その他標示を建て、「神社奉護ノ万全ヲ期スルヤウ配意相成度」との指示が出された（昭和廿年庶務雑件綴）。神社という施設に対する進駐軍の「無理解」を予想しての「神社奉護」策であったといえるだろう。

この指示に対する神宮側の対応は不明であるが、この種の英文制札に関しては、昭和二十二年六月にその設置場所について県教育民生部長より照会がなされている。それによれば、そもそも制札は「万一を慮る米軍司令官の好意ある御配慮」であること、制札が境内の入り口などにあっては、必要以上に調査や見学を拒むものとして進駐軍将兵に不快の念を与えるおそれがあるというＧＨＱ（連合国軍最高司令官総司令部）美術最高顧問シャーマン・リーの指摘を引用し、これに対して各社寺がどのような措置を講じたのかを報告するよう求められた。神宮はこれに対して「内院廻廊以内への立入を禁止する為め祝詞舎入口及び内院廻廊入口」、具体的には「祝詞舎左側下座（楽舎伶人著床の位置）」と「神饌弁備所より内院廻廊に入りたる処」に制札を立てる措置を講じた旨を報告している（昭和二十二年雑件綴）。

神宮においては進駐軍への制札が大きな問題・トラブルを生まなかったようだが、文化財を多く抱える奈良県ならではの問題であったということができよう。昭和二十一年九月に県文化課長名で照会のあった「観光地調査票」が、県観光事業の振興のためには進駐軍の観光を考慮に入れ、「進駐軍ヂープ乗入の可否」の記入を求めていたことからも、進駐軍を一方で警戒し一方でそれに依存せざるを得なかった、当時の時代背景を見てとることができる（昭和二十一年庶務雑件綴）。

文化財の保護に関してはＧＨＱから日本政府に発せられた覚書に基づき、文部省社会教育局文化課長名の「国宝、重要美術品等ノ被害状況等調査ニ関スル件」（昭和二十年十二月七日付）により調査がおこなわれている。神宮は社寺保存法により国宝に編入された本殿と御饌殿について、空襲や進駐軍による損害はなかったと回答している。この調査では進駐軍の進駐にともなう火災や掠奪、汚損等のおそれの有無についても照会されているが、これに関して神宮は回答を寄せていない（昭和二十一年庶務雑件綴）。また神宮は昭和二十一年十二月に奈良県文化課技術室内の奈良県国宝護持会からその発起人たることを求められ、これを承諾している。この国宝護持会は、国宝所有者が連携して国宝の維持管理に関わる補助金の充実を政府に対して求める活動をしており、神宮が次に述べる神道指令や宗教法人令によって、国家による財政的支援がなくなるなかでの社殿の維持管理を、とりわけ一大関心事としてとらえていたということであろう（昭和二十一年庶務雑件綴）。

神道指令とその影響

昭和二十年十月六日にヴィンセントアメリカ国務省極東局長が、神道の特権廃止を公表したことをうけて、神祇院当局は「神社非宗教」であると弁明したものの、神社制度の全面的刷新は時間の問題となりつつあった。十一月に入り皇典講究所・大日本神祇会・神宮奉斎会の三団体が協議を重ねた結果、神祇庁（仮称）を年内に設立する運びとなり、その旨政府をはじめＧＨＱの諒解を求めた（昭和廿年庶務雑件綴）。

前節において高階宮司が新嘗祭直後に皇典講究所と大日本神祇会の用務で上京し、予定されていた高階宮司の還暦祝賀会が中止となったことを述べたが、以上の経緯を踏まえると、「神祇問題」という出張用務とは、ＧＨＱが打ち出した神社制度の全面的刷新への対応を神社界として協議することであった。還暦祝賀会どころではなかったのである。

そこへＧＨＱから日本政府に対して「国家神道、神社神道ニ対スル政府ノ保証、支援、保全、監督並ニ弘布ノ廃止ニ関スル件」という覚書、いわゆる神道指令が十二月十五日に出された。翌日の社務日誌には「本日ノラジヲニ依レバマックアーサー司令部ハ日本政府ニ対シ神道ヲ国家ヨリ分離スル旨指令ヲ発シタリ」とあり、神宮が神道指令を神道の国家からの分離としてとらえていることが分かる。神道指令は長文にわたるため、ここに全文をあげることは避けるが、神宮側の素早い対応に関係するのが、次の箇条である（昭和二十一年庶務雑件綴）。

（ヌ）公文書ニ於テ「大東亜戦争」、「八紘一宇」ナル用語乃至ソノ他ノ用語ニシテ日本語トシテソノ意味ノ連想ガ国家神道、軍国主義、過激ナル国家主義ト切リ離シ得ザルモノハ之ヲ使用スルコトヲ禁止スル、而シテカカル用語ノ即刻停止ヲ命令スル。

神宮の数ある官祭のなかでも毎月三回（一日・十一日・二十一日）おこなわれていた「八紘祭」が、神道指令発令直後の十二月二十一日から「月並（次）祭」に名称が変更されたのは、右の箇条で「八紘一宇」という用語の使用を「即刻停止」するよう命じられたからだろう（社務日誌）。

高階宮司は年末に二度も県庁へ出張したほか（十二月二十二日・二十四日。前年の年末は草場権宮司が二十六日に出張したのみ）、年が明けると一月十八日から二十八日の十一日間にもわたって、東京へ出張している（社務日誌）。これらの出張が神道指令ないしは「神祇問題」への対応を協議するためのものだったとすれば、神宮はもとより、神社界が神道指令から受けた衝撃の大きさを物語っているともいえる。

神道指令の発令を受けて昭和二十一年一月十五日、奈良県内政部長より県内各官幣社宮司に対して、十二項目におよぶ停止・禁止事項が通牒された（昭和二十一年庶務雑件綴）。

一　敬神思想普及奨励費ニ依ル事業ハ之ヲ停止スルコト

二　国費又ハ地方費ニ依ル神職養成又ハ教養事業ハ之ヲ停止スルコト

三　官公吏等ノ資格ニ於テ神社奉讃団体又ハ神道関係団体ノ役職員タルコトハ禁止スルコ

ト

四　左ノ事項ニ付テハ都道府県庁其ノ他ノ官公署又ハ公的資格アル凡ユル部門ニ於テ之ヲ行ハス且之ヲ一般ニ強要又ハ勧奨セサルコト

（一）神宮大麻ノ頒布

（二）国民錬成等ノ為ニスル禊神拝行事

（三）大祓行事

（四）神社ニ対スル団体参拝

（五）神殿又ハ神棚ノ設置

（六）其ノ他国民ノ思想信仰ノ自由ヲ拘束スル虞アル事項

五　地方公共団体ニ依ル神饌幣帛料ノ供進及神社経費ノ供進ハ之ヲ停止スルコト

六　国費又ハ地方費ニ依ル神社ノ営繕事業ハ之ヲ行ハサルコト但シ工程ノ大半ヲ竣リタルモノハ急速ニ完成ヲ期スルコト

七　氏子崇敬者ノ神社費ノ負担ヲ強制セサルコト

尚町内会費、部落会費等ニ依ル負担者ノ自覚ヲ伴ハサル方法ヲ避ケシムルコト

八　神道ノ研究及弘布又ハ神職ノ養成ヲ目的トスル私的教育機関ニ対スル地方公共団体等ノ公的財源ヲ以テスル援助ハ之ヲ行ハサルコト

九　「神社本義」其ノ他神道ニ関スル官公署・出版物ノ頒布ハ之ヲ停止スルコト
一〇　「大東亜戦争」「八紘一宇」其ノ他「神国」「現人神」「東亜ノ盟主」等ノ語ヲ公文書中ニ使用セサルコト
一一　管内如何ナル者ニ対シテモ国家神道、神社神道ヲ信仰セス又ハ該神道ニ関スル行事式典、礼式礼典等ニ参加セサルノ故ヲ以テ差別的ナル取扱ヲナササルコト
一二　官公吏ハ事務引継、政状ノ報告等公的資格ニ於テノ神社参拝又ハ政府ノ代表トシテ如何ナル礼式又ハ礼典参加モナササルコト

基本的には神道指令の趣旨を繰り返したものだが、このうちたとえば第十二項目に関しては、東久邇宮内閣～幣原内閣の成立や退陣で見られた神宮への奉告（正式参拝）は、これにより禁止される。社務日誌に基づいて、神道指令発令後の昭和二十一年一月～三月における官公吏の神宮での行動を確認すると、以下のようであった。

・小田成就奈良県知事（一月三日）↓正式参拝
・松村謙三前農林大臣（一月二十六日）↓正式参拝予定なるも不参
・小田成就前奈良県知事（一月二十七日）↓正式参拝
・小倉常太郎橿原郵便局長（二月二十八日）↓新任挨拶
・高市地方事務所長（三月五日）↓新任／退官挨拶

・飯沼一省元神祇院副総裁、青木仁蔵元神祇院理事官（三月九日）→正式参拝

現職の奈良県知事（当時は官選知事）だった小田成就が、一月三日の元始祭で正式参拝をしているのは驚きだが、あるいはこのときすでに辞任を覚悟していたのだろうか。その点、すでに公職追放が確実視されていた松村謙三の行動については不明である。橿原郵便局長と高市地方事務所長は新任ないしは退官挨拶とのみ記されているので、正式参拝はなかったと見られる。

それでは官公吏とは関係のない一般の人々の参拝行動は、神道指令によって何か変化があったのだろうか。昭和二十一年年頭の参拝者の状況は社務日誌によれば、「平和ノ黎明ヲ告グル大太鼓嘉例ニ依リ宮司奉仕シテ午前零時ヨリ殷々ト轟キ社頭ノ静ケク神威彌々輝キワタル……終日参拝者引キモキラズ本年ヨリ内拝殿石階下ニテ奉拝参拝人員約三万人」（一月一日）、「終日参拝者多シ」（二日）、「参拝者早朝ヨリ頗多シ」（三日）とあり、神道指令の影響は特に見られない。前年は延寿杯を一三七、延寿箸を二六〇五授与したとのみ記され、警戒警報発令の記述も見られることから、昭和二十一年年頭は平和を享受する人々の姿が多く社頭に見られたのである。

一方で昭和二十一年の例祭と紀元節祭（二月十一日）、祈年祭（二月十七日）について見てみると、「官国幣社以下神社祭祀令廃止」（昭和二十一年勅令第二十二号）や「官国幣社以下神社祭式及当神宮御例祭祭式及祝詞廃止」（同年内務省令第一号）によって、まず紀元節祭は例祭とあわせて斎行されることとなり、祭式次第と祝詞が新たに定められた。例祭には勅使が差遣され、「内閣労働

写真1　本殿（昭和21年撮影）明治天皇より下賜された京都御所内旧賢所を移築（重要文化財）。

科学研究所鵜野久吾外数名」の参列があったが、一般の参拝者に関する記録は見られない。昭和二十年には例祭の祭儀の模様が全国にラジオ中継放送され、参列官（地方長官代理、神祇院高等官代表、地方高等官代表）三名と参列員十一名を得て、一般の総参拝人員約一万名との記録があったのとは、大きく様変わりしたことは明らかだ。また祈年祭については、天皇からの幣帛神饌料の奉奠があり、小田成就前奈良県知事、中山愷男奈良県農業会長、金森乾次近鉄副社長ら二十二名の参列を得て斎行された。これも前年には奈良県聖地顕揚課長が幣帛供進使として参向し、参列者数こそ十二名に過ぎなかったが、祈年祭に引き続いておこなわれた大政翼賛会主催の新穀豊穣祈願祭には、約百名の参列者を得ていた。紀元節祭・例祭、祈年祭にもたらされた、神道指令の強い影響をみてとることができる（昭和二十年官祭綴、社務日誌、昭和二十一年恒例祭式綴）。

ちなみに神宮は例祭にあわせて「神威顕著神域整備ノ御模様ヲ謹写シ天覧ニ供シ奉」っている。

写真は①一の鳥居より畝傍山を望んだもの、②南神門より外拝殿を望んだもの、③内院全景、④御本殿（明治天皇より下賜された京都御所内旧賢所建物）および幣殿、⑤境内神池より河内金剛山を望んだものの計五枚である。昭和二十一年二月五日の社務日誌にみえる「便利堂佐藤写真師来宮、献上写真撮影」との記述は、おそらくこの五枚の写真撮影のことを指していると考えられる。終戦後に神宮をとりまく環境が大きく変化するなかにあっても、神宮の変わらぬ様子を見て取ることができる貴重な写真であろう。

宗教法人橿原神宮の設立

神道指令は神道を国家と切り離して一宗教として扱うものであったから、戦前からの神社関係法令は撤廃され、神社神道は他の宗教と同じ法体系の下に組み込まれることとなった。それが宗教法人令（昭和二十年十二月二十八日、勅令第七百十九号）であって、これに関する全体的な経緯については先行研究に譲り、ここでは橿原神宮に関わることに限定する。

昭和二十一年一月二十四日、大日本神祇会の講堂に鷹司明治神宮宮司以下八十三名が出席して、官国幣社宮司会臨時総会が開かれた。橿原神宮の高階宮司が座長を務め、宗教法人令に関する説明を神祇院の大塚総務課長から受けている。総会での「神饌幣帛料御奉納御治定ニ付御礼言上」するとの申合事項に基づき、高階宮司が鷹司明治神宮宮司とともに宮内省に出向き、宮司会の代表として皇室へ御礼を申し述べた。神道指令後の橿原神宮の例祭に、天皇から神饌幣帛料の奉奠があったのも、神饌幣帛料が皇室からの「私的な支出」として継続することとなった結果だったのである（昭和二十一年庶務雑書綴）。

またＧＨＱは（１）社有地がどのような経緯で編入されたのか、（２）総額十万円以上の寄附等を国や公共団体から受けていないかを、文部省社会教育局長、奈良県内務部長を通じて調査した。宗教法人化に関連した調査だったのか否かは不明であるが、神宮は（１）に関しては国有地・公共団体所有地が譲渡され、あるいは国・公共団体の買い上げ地を譲渡された経緯を述べ、（２）に関しては該当するものがないと二月二十一日に回答している（昭和二十一年庶務雑件綴）。

この間、二月二日には神祇院が廃止され、翌三日には神宮奉斎会・大日本神祇会・皇典講究所が解散し、その後継団体として神社本庁が設立されて全国の神社が傘下に入った。神社本庁の下に地方機関として各都道府県神社庁が置かれることになり、奈良県神社庁は二月二十六日に橿原神宮で設立奉告祭をおこなっている（初代奈良県神社庁長には、神宮の高階宮司が就任した）。神宮もその下で「橿原神社規則」を制定し、宗教法人となった。宮司は神宮の主管者であって崇敬者から総代を選任するが、財産処分などの重要事項の決定には総代の同意が必要とされた（野口裕太「占領期における橿原神宮の維持経営と教化事業」）。宗教法人発足前日の社務日誌には次のように記されている。

国家ノ宗祀ヲ離レテ新ラシク宗教法人令下ニ奉仕致スベキニ付、午後四時ヨリ宮司室ニ於テ職員一同ニ対シ宮司ヨリ訓示アリ。在職中ノ慰労トシテ全職員ニ賞与ノ辞令交付セラル。

まさに神道指令に発した宗教法人令による宗教法人化は、神宮の歴史の中で一つの画期というべきものだった。

そして連合国との講和条約締結が外交日程に上るようになった昭和二十六年、政府は宗教法人令に代わる新たな宗教法制である宗教法人法の制定に乗り出した。政府はその制定理由について、いわゆるポツダム勅令であった宗教法人令が、政治的・社会的及び宗教的自由に対する制限除去の件に関するＧＨＱの覚書によって短時日のうちに公布され、施行上の不備を改善する必要があったこと、そして「民主的立法の原則にのっとって、宗教法人制度を、法律をもって規定する必要が痛感されたのであります」（昭和二十六年二月二十八日、衆議院文部委員会宗教法人法案趣旨説明）と国会で説明している。

また宗教法人法はとりわけ宗教法人令で問題になっていた、宗教法人設立手続きの容易さを悪用した事例に対応して、宗教法人設立への認証制度の導入や、責任役員制度や公告制度の導入を目指したものでもあった。公布・施行された宗教法人法（昭和二十六年四月三日、法律第百二十六号）に基づく新たな宗教法人となるためには、施行後一年半の間に再び認証を受ける必要があった（同法附則第十五号）。神宮は昭和二十七年三月から四月にかけて「事務代行願」・「規則承認申請書」（神社本庁統理宛）・「宗教法人橿原神宮規則」・「宗教法人規則認証申請」（奈良県知事宛）・「宗教法人設立公告」・「宗教法人設立登記申請書」などの書類を奈良県知事に提出し、「宗教法人橿原神宮」として再スタートを切った（宗教法人切替事務関係書類）。認証を受けた規則では、代表である宮司と、総代会から選任された責任役員とにより構成される役員会が「宗教上の機能に関する事項を除」いた神宮の維持運営に関することを決定するとされた。なお総代会は崇敬者から選任された総代により組織され、その発言力は大きかったとされている（野口前掲論文）。

第三節　祭典の変化

宗教法人となった橿原神宮は、自身の維持経営のために従来よりも幅広く人々に支えてもらう必要があった。そのためには多くの人々に神宮へ足を運んでもらうことが大切であって、祭典も含めて閉鎖的にではなく開放していくことが求められたのである。神宮の機関紙『かしはら』の創刊号（昭和二十一年十月）に次のような記事がある。

神宮の祭典は漸次民衆化しつゝあるが例月一日、十一日、廿一日の月次祭は古くより土地で称されて来た延寿祭として復活、七月一日から一般の参列が許され、朗らかな祭日気分が展開されてゐる。八月一日には、元宮内省の楽師大村恕三郎氏がその筋より公開を禁じられてゐた神楽歌の秘曲を特に神前に奉納し、引続き神楽殿に於て、催馬楽朗詠を奉奏……神宮では今後、例月の延寿祭を諸国の芸能祭たらしめる為種々計画中である。

それでは祭典に対するこのような考え方が、神宮の主要な祭典である春季大祭、秋季大祭、新嘗祭、例祭に具体的にどのように反映していったのかをみていきたい。

春季大祭

戦後初の春季大祭は、まさに神宮が宗教法人へと切り替わった頃から準備が始まることになった。いわゆる宗教的な部分はともかくとして、神賑行事や広告作成・報道宣伝について神宮が相談を持ちかけたのは近鉄だった。また神賑行事などで神宮へ来てもらう演者たちに支払う交通費についても、近鉄路線の無料乗車券を交付してもらえるよう近鉄側に交渉して、それを認めてもらった。そして近鉄に斡旋を依頼したポスターを、桜井・奈良・笠置・王寺・下田の各駅に掲出した（社務日誌）。

それでは具体的にどのような行事がおこなわれたのかを表1により確認しよう（昭和二十一年春季大祭一件）。

四月二日の翁能は京都府相楽郡山田村へ、三日の太古踊は吉野郡丹生村へそれぞれ神宮職員が出向き、出演を交渉して承諾を得たものである。また四日の都おどりは京都市先斗町まで宮司が

表1　昭和二十一年春季大祭

日付	祭典	奉納神事・神賑	奉納者
四月一日	朔日祭 生花奉納奉告祭	生花奉納	常春庵社中
四月二日	御鎮座記念祭	翁能奉納 官休庵宗匠献茶	金春発祥地山城山田川
四月三日	畝傍山東北陵 遥拝式 神武天皇祭 俳句献詠奉告祭	國栖舞奉納 不審庵宗匠献茶 太古踊奉納	吉野国樔乃翁 吉野丹生川上神社下社氏子中 ちまき社同人
四月四日	延壽祭	今日庵宗匠献茶 弥栄舞（稗田舞）奉納 都おどり奉納	賣田神社氏子中 京都祇園新地甲部組合

出向いて交渉し、さらに神宮総代である西村力の尽力によって、出演が実現したものである。都おどりは祇園では昭和十九年から休演を余儀なくされていたこともあって、注目を集めたものと思われる。素噺子元禄、三国一などの演目に、「天候ノ都合」で奉納会場となった建国会館は、

「陪観者三十余名稀ニ見ル盛況」であった。

ちなみに神武天皇祭が斎行された四月三日は快晴だったこともあって、「神威ヲ報謝スル賽客無慮十三万神域立錐ノ余地ナキ殷賑ヲ極ム」との有様だった（社務日誌、『かしはら』一）。神道指令後の逆風のなかで、人々に開かれた祭典への神宮側の努力が重ねられていたのである。

ところで戦後初の春季大祭において最も目を引いたのは、ひょっとすると進駐軍の来訪だったかもしれない。神宮文化部の嘱託で奈良軍政府の通訳も務めた島岡剣石が「貴賓室に待機してゐた私共はやがて玉砂利を轢んで来る厚いタイヤの音を感じて出迎へるとヒラリとジープから飛降りたのは未だ廿三四と見える軽快な娘隊長であった」と記しているように鮮烈な印象を与えたのだろう。社務日誌には彼女らが「終日社頭ノ模様ヲ見学ス」とある（社務日誌、「橿原神宮印象記――ナンシー嬢一行を伴ひて」『かしはら』一）。

翌年以降の春季大祭は基本的に昭和二十一年のやり方を引き継ぎつつも、二十四年には奉斎会主催の奉納大相撲が取り入れられるなど、マイナーチェンジを繰り返していった。なお二十二年の春季大祭を終えた一神宮職員は、つぎのような感想を記している（昭和二十二年日件録）。

平和日本ノ和気ハ神域ニ靄々トシテ大和ノ春ハ寔じんむさんに始ルノ感ヲ深メタリ。因ニじんむさんと称シ客ヲ招キ藪入リヲりナシ御馳走ヲ作ツテ一日ヲ全ク楽シク過ス祭ノ行ハレル範囲ハ都会ニ於テモ地方ニ於テモじんむさんより広いことは少イト思ハレル。

秋季大祭

昭和二十一年秋季大祭の行事一覧は左のとおりである（昭和二十一年庶務雑書綴）。

十一月二十一日

・月次祭　・弓道大会　・音楽と舞踊（大阪若柳流日本舞踊／芳水学院洋楽団）

・茶席（伊賀茶道会）

十一月二十二日

・献茶祭（官休庵宗匠千宗守）　・弓道大会

・鴨川踊と音楽（京都祇園先斗町／上野学園の洋楽）　・茶席

十一月二十三日

・新嘗祭　・祇園囃子（伊賀上野）　・出雲神楽　・俳句献詠（ホトドギス会有志）

・舞踊と音楽（伊賀平和舞踊会／芳水学院洋楽団）　・茶席

十一月二十四日

・鞨鼓踊（伊賀国郷土芸能）　・獅子舞（同上）　・短歌献詠（関西アララギ会有志）

・声楽と演奏（大阪音楽学校）　・茶席

春季大祭と同じ四日間の日程ながら、弓道大会や西洋音楽の演奏など、行事数が若干多くジャンルも多様である。また春季大祭と同様に、近鉄と連携しながら準備が進められた。以下、二十一年秋季大祭に加えられた主な変化をまとめておこう。

翌二十二年の秋季大祭は、十一月三日のみの開催となったが、神宮奉斎会・神武講社・初穂講の関係者が一堂にそろっての大祭となった。さらに二十三年は、これまでの反省をふまえたのか、畝傍町の大字の代表者と神宮幹部が神苑愛護会の場で、さらに町の助役も交えて、九月ころから秋季大祭の神賑行事について協議を重ねている。その結果、地域の神輿や婦人奉納演芸などを盛り込むこととなったが、これを機に秋季大祭奉賛会が結成され、委員長の下、副委員長・顧問・参与・総務部委員・経理部委員・祭儀部委員・演芸部委員に役割を分掌した。二十四年には従来の十一月斎行から十月斎行へ変更され、また奉賛会の各部を担当する神宮側の禰宜・権禰宜が配置された。そして二十五年には奉賛会の名称が「畝傍町奉賛会」に改められ、地域として秋季大祭を奉賛する立場が明確になった。つまり秋季大祭は神宮のお祭りでありながら、地域のお祭りでもあるとの位置づけを獲得することになったのである（自昭和二十三年秋季大祭関係綴）。

新嘗祭

昭和二十一年の新嘗祭は秋季大祭期間中におこなわれた。前年には畝傍町南国民学校へ幣帛唐櫃奉舁児童の派遣を要請していたが、神道指令の影響でこの年よりなくなった。幣帛供進はあるが供進使がなくなったため、奉幣参進の列次や祭式次第等を祈年祭に準じて執行することとなった（昭和二十一年恒例祭式綴）。折しも食糧難の時代ではあったが、神宮は新嘗祭の意義を「日本民族が生くべき糧、神の力の宿ってゐる尊い糧と言ふ観念が徹底すれば窮境打開の道も開けるのではあるまいか。……かくてこそ初めて平和日本再建の礎石は置かれたと言はねばならぬ。我々は新嘗祭の日には先づ神社に参拝し心から神恩を報謝し奉らう」（「欠配と新嘗祭」『かしはら』一）と説いている。

新嘗祭は昭和二十二年より「中祭」に位置付けられたが、二十三年には宮内府（現宮内庁）掌典長より幣帛料四十五円が奉納された。ただし「今般皇室の事情に依って貴社に御奉納の祈年祭新嘗祭の班幣は之を停止せらるることに改められた」と掌典長より通知があったためか、二十四年には新嘗祭が斎行された形跡がない。ところが二十五年と二十六年には再び斎行されるに至り、二十六年には十六名の参列者を得た（社務日誌）。

例祭

新嘗祭の位置付けがやや曖昧になったのとは対照的に、占領下からの独立が政治日程に上るようになると、例祭の位置付けが大きくなっていった。神道指令までは例祭と紀元節祭とは一体のものとして扱われていたが、神道指令によりそれがまず切り離され、さらに二十四年の例祭時には紀元節そのものが廃止されてしまった。したがって例祭の参列者もこの年三十名を数えるばかりだったが、翌二十五年は六十余名、二十六年は天候に恵まれたためか、約二百三十名、そして独立回復目前の二十七年の参列者数は三百八十名を数えた。しかもそのなかには現職の奈良県知事、大阪国税局長、大和高田市長が名を連ねるまでになったのである（社務日誌）。

第四節　開かれた神宮——神宮の「民主化」をめざして

神宮を支える崇敬者・崇敬団体

第二節で述べたように、橿原神宮はＧＨＱの宗教政策によってその存立基盤を失い、一宗教法人として新たな時代を歩みだすこととなった。神宮は氏子組織を持たなかったから、経営基盤を自ら確立しなければならなかったのである。それでは宗教法人成立前後に相次いで結成された神宮の崇敬団体について見ていこう。

（1）財団法人神武天皇聖徳奉賛会

神武天皇聖徳奉賛会は、昭和十五年の紀元二千六百年を契機に設立され、奈良県知事を会長として「県内乃首脳多留人々」（昭和二十年財団法人設立奉告祭祝詞）を組織してできた団体である。昭和二十年八月三日に財団法人化の許可が下りて同十一日に登記が完了している。そして戦後の同年九月十二日に設立奉告祭がおこなわれ、昼食を兼ねた直会の後、午後二時まで「建国創業ノ功臣道臣命勲功遺跡調査報告」を含めた会議があった。またこの日は鳥坂神社や「道臣命墳墓伝説地」を参拝している（昭和二十年以降私祭綴、社務日誌）。

その後も奉賛会の倉司書記が来宮したり（十月十八日、二十五日）、奈良市の南都倶楽部で開催された役員会（昭和二十一年二月二十三日）に宮司が出張したりしており、奉賛会は神宮との密接な関係のもとにあった（昭和二十一年庶務雑書綴、社務日誌）。県知事がこうした奉賛会の会長を務めることはもちろんのこと、「県内乃首脳多留人々」が関与することは、第二節で述べた神道指令やそれに基づいて県から出された停止・禁止事項に抵触したはずである。財団法人神武天皇聖徳奉賛会のその後については不明であるが、あるいはこのような経緯のために活動が休止状態となったか、あるいは次に述べる財団法人橿原神宮奉斎会に合流していった可能性もある。

（2）財団法人橿原神宮奉斎会

財団法人橿原神宮奉斎会は、昭和二十一年四月に設立を申請し、五月三十日に認可された団体である。奉斎会設立の構想は前年の初冬から具体化しつつあったといい、それは第二節でみたようにＧＨＱによる神社制度の全面的刷新を神宮も認識していた頃であるから、奉斎会の設立はこのような状況に端を発していたといえよう。

奉斎会の設立をみる上で重要な役割を果たすのが、財団法人奉仕会である。奉仕会は日露戦争後に出された戊申詔書の「実践躬行」を旨とする社会教化団体であり、創立以来一貫して伊勢・橿原・明治の各神宮への参拝を重要な活動の一つに位置付け、戦後もこの活動を続けていく（野口前掲論文）。社務日誌には、奉仕会理事で総務部長の都筑肇らが二月二十日・二十一日に神宮を訪問し宮司や権宮司が対応したこと、晩餐を共にしたこと、二十二日の早朝帰京の途についた都筑らを岡本主典が大和八木駅へ見送ったことが記され、神宮側が奉仕会を丁寧に応接したことが読み取れる。というのもこのとき奉仕会と神宮との間で奉斎会設立に関する覚書（二月二十一日付）が交わされており、奉仕会の神宮訪問はそのためだったということになろう。この覚書によれば、神宮の事業は奉斎会が一手に経営するものとし、そのために必要な経費は奉斎会が「寄進負担」すること、奉仕会は奉斎会の活動を経済的に支援（寄進金の支出）するとともに、奉斎会に役員を派遣することになっていた（野口前掲論文）。実際に先ほど名前の出た都筑肇は、奉斎会の常務理事に就任している（『かしはら』二）。

　財団法人の設立が認められると、六月の月次祭終了後に開かれた崇敬者総代会においてその旨報告があり、神宮の二十一年度予算についても説明がなされた（社務日誌、昭和二十一年庶務雑書綴）。六月十五日には奉斎会設立奉告祭が執行され、七月一日には奉斎会の幹事会が開催されたが、その幹部会に出席する田中廣太郎大阪府知事が正式参拝をおこなっている（社務日誌）。現職の大阪府知事（内務省の官吏）である田中が、神宮を正式参拝したのみならず、神宮崇敬団体の幹部として活動することは、神道指令との整合性を問われることにならなかったのだろうか。

　奉斎会の活動は①神宮の奉斎事業、②文化事業、③社会事業に大きく分けられる。①は春季と秋季の大祭執行に関わって会員が参列するほか、神宮当局に寄進金を拠出するものである。②は奉斎会の設立趣意書にも表われる「文化日本再建」「文化国家建設」を理念とするもので、先行研究でも奉斎会の活動中特に注目されるものと評価されている。奉斎会に文化部を設けて様々な事業を展開するが、これについては後述することとしたい。③は奉斎会に社会部を設け、その下に国民生活の刷新向上を目標に教育奨学事業や無医村への医師の派遣、社頭での薬剤の無料配布などをおこなっていた（野口前掲論文）。

　このような精力的な奉斎会の活動を展開するためにも、それに賛同して支える人々を全国から募る必要があった。奉斎会設立当初の会員募集行脚の様子が、「橿原信仰全国に興る　幹事の殉教的活動」として次のように記されている（『かしはら』一）。

> 設立と同時に全国へ出発した奉斎会幹事諸氏は食糧事情等旅行の困難を犯して文字通り食ふや食はずで野宿も厭はず橿原神宮同信の友から友へ会の趣旨を愬《うった》へて行脚を続けてゐるが協力を誓ひ入会を申込む者続々として集り既に地方支部結成を計画中の会員もあり参拝が出来なければ家庭でお祭りをと神符守札の拝授申出は殺到し会員徽章も調製に追はれてゐる

その結果奉斎会会員は昭和二十一年度に四千五百三十六人を数え、二十二年度・二十三年度には各一万二千～一万五千人を積み上げて、「宗教法人橿原神宮」認証出願前の二十七年三月末日までに累計五万四千九百八十二人の支えを得るに至った（宗教法人切替事務関係書類）。

（3）橿原神宮神武講社・初穂講

橿原神宮神武講社は昭和二十二年一月に設立された組織であり、当初は神宮が鎮座する畝傍町を含む高市郡の崇敬者を組織した団体であった。前年の十二月二十三日に神武講社創設に関する打ち合わせがおこなわれ、規約案の審議などがなされている。神宮の例祭がおこなわれる二月十一日を講員募集の第一回締め切りとしたところ、入講者数は千五十人であり高市郡の総戸数の五%強に過ぎなかった。神武講社としてはこれを「今後一層ノ努力ヲ要スルモノト認メラル」と総括してさらなる募集活動を展開した（昭和二十二年日件録）。神武講社講員募集にあたっては「公職者ガ公機ニ於テ之ヲ行フ事ノ不可」であるので、その点十分注意するよう高階宮司は釘をさしつつも、畝傍町の大字単位の役員が神宮を訪れた際には、神武講社への入講勧誘について宮司自ら熱心に依頼している（社務日誌、昭和二十二年日件録）。

ただしやはり勧誘範囲を高市郡にとどめることへの限界が露呈し、神武講世話人会（六月二十五日）にて、高市郡外の講組織を推進する方針を決定した。その結果、昭和二十七年三月末時点で高市郡の五千五百四十四人を筆頭に、北葛城郡、添上郡、吉野郡、南葛城郡を中心として奈良県の全郡市に講員が浸透し、全講員数は二万三千二百八十三人となった（宗教法人切替事務関係書類)。

ところで神武講社は「文化ノ昂揚ニ関スル事項」、「厚生ニ関スル事項」、「講社大祭」、「本殿他各社殿ノ保全並ニ境域及附属工作物ノ保全利用」などの事業をおこなうとされているが、この点は奉斎会と格別大きく異なるわけではない(「橿原神宮神武講社規約」『昭和三十二年起　神武講社関係綴』)。とはいえ神武講社の活動で特徴的なのは、世話役・世話人が県下各地区で講員の斡旋や団体参拝の奨励にあたるという点であった。そして奈良県内の神武講社の発展が、全国の崇敬者結集に直結するという関係者の認識があることも特徴的である(野口前掲論文)。

神宮の崇敬団体には、昭和二十一年に創立された初穂講もある。神宮で毎月三回おこなわれる延寿祭が一般に開放されるという「民衆化の気運が高まると共に、之ら崇敬者の発意により」組織されたのが初穂講である。講員は地元の農家などからなるが、延寿祭の神饌のみならず大祭・中祭の神饌も奉献することになった。したがって後述するように、神饌田の管理や脱穀などにも奉仕することがあった。また昭和二十三年十一月に北神門脇の塀屋根の修繕工事をした際も、初穂講の講員が奉仕している(社務日誌、「燃え沸る初穂講の奉仕」『かしはら』一)。

(4) その他

(1)〜(3)の崇敬団体以外にも、神宮の事業遂行を支えた企業として特筆されるのが近畿日本鉄道(近鉄)である。近鉄の前身である大阪電気軌道(大軌)時代から、畝傍線(現近鉄橿原線）開通奉告祭を神宮で執行し、神宮外苑の整備事業に対して寄付金を拠出するなどして神宮との関わりは密であったが、戦後もこの関係は強まりこそすれ弱まりはしなかった。社長や総務部長、事業課長の退任・就任時の正式参拝（たとえば昭和二十二年四月〜六月）や祭典への参列以外にも、各種事業（祭典や神前結婚式、文化社会事業など）への協力のために神宮を訪問することがしばしばであった。逆に神宮側から社務打ち合わせや物品の受け取り（近鉄優待券、神饌用の塩など）のために、近鉄本社へ出張することもあった（社務日誌）。

このほか企業や団体、個人からの献納品には、株式会社寿屋（現サントリー）からワイン・ウィスキー・清酒が、またはるかハワイ・ホノルル市の在住者からは砂糖などもあった。献納を受けた神宮は、礼状と撤下品を送付しているが、たとえば清酒の献納の場合は、神宮職員が今井、田原本、吉野、五位堂あたりの献酒家を直接訪問して挨拶をしたことが確認できる（社務日誌、昭和二十一年度雑書綴）。

神宮職員と戦後の苦難

以上みてきたように、神宮は崇敬団体を組織し、崇敬者のすそ野を広げてその財政基盤をかためる努力を重ねてきた。昭和二十年六月まで神宮に奉職し、その後出雲大社へ移った千家遂彦は昭和二十一年の暮れ、神宮に宛てて「宗教もこれから起業団体化して活動資金を持たねばならぬ時、貴神宮の姿を学ぶべきものと思ひました」と述べているが（昭和二十一年庶務雑書綴）、だからといって必ずしも磐石といえるものではなかった。昭和二十年度と二十一年度における神宮の社頭収入集計表をみると、二十年度の七万二千六百八十三円に対して二十一年度は十三万九千八百円と約二倍に増加しているが、二十一年度予算総額二十六万二千五百円に占める割合は五十三％に過ぎなかった。要するに社頭収入が増加しているとはいえ、支出の半分を満たす程度であったということである。しかも当時の日本は、終戦後の猛烈な物価高に見舞われていたこともあって、社頭収入の増加もそうした「貨幣価値ノ変動ニ依ルコト多シ」と神宮は分析していた。ちなみに二十一年度の社頭収入の内訳は、結婚式を含む祈禱料が三十六％、神饌料が十六％、神符守札料が十五％、賽銭が十二％、その他（絵葉書の販売など）が二十一％となっていた（昭和二十二年日件録）。

このように神宮の経営が決して苦しくないとはいえないからこそ、神宮の経営安定化のために崇敬団体の組織が急がれたという側面もあろうし、とりわけ神宮の事業を一手に経営し、必要な経費を負担するとされた奉斎会と神宮とは、一心同体であると強調する必要があったのだろう。昭和二十一年六月に奉斎会が設立された際、高階宮司は職員に対し奉斎会に関して訓示をおこない、また奉斎会から職員一同に手当が支給されたのは象徴的である。さらに昭和二十二年六月七日に全職員を集めておこなった訓示のなかで、宮司は神宮奉斎会との一体化を強める必要性を説き、それにともない田渕禰宜を奉斎会の主事に充てる人事を表明した（社務日誌、昭和二十二年日件録）。

戦後の神宮の苦難は、もちろん金銭的な問題もあっただろうが、食糧（神宮でいえば神饌）をどう確保するかという問題にも直面していた。昭和二十年は記録的な凶作で、全国的に深刻な食糧不足を招くことが懸念されるなか、十月には神宮の堀技師が、奈良県食糧増産技術研究同志会会員増産講習を受講している。奈良県甲種食糧増産結成式（十月三十一日）、奈良県食糧増産研究会理事会・参与会（十一月五日）がいずれも神宮で開催され、また奈良県食糧増産研究会の指導員七名が神饌畑の「麦蒔奉仕」をおこなった（十一月十二日）。食糧増産研究会との連携強化を食糧確保につなげようと神宮が模索していたようにもみえる（社務日誌）。

そして昭和二十一年七月二日・三日に神饌畑の「開墾」に全職員で従事した。その後篤農家の指導により甘薯の苗を植えて、大豆も蒔いている。翌年には一二〇〇本の「芋ヅル」を柱付けし、七月末から八月初頭の暑い盛りに合計五日間、職員総出で畑の除草をおこなっている。境外社有地にあった菜園に関しては、菜園当番を勤務の一環とすることとし、職員二名が菜園の世話と見張りを昼夜二交代制でこれにあたった。そのために奈良県立畝傍中学校内にあった旧海軍経理学校橿原分校建築物の一棟を、無料で払い下げてもらいたいと奈良県に申請している。神饌品の野菜を栽培する境外社有地を管理し、あわせて「住宅払底」の折柄職員の住居を確保できるとして、「農耕ノ精神修養場」として求めたのである。神饌田に関しても場合により職員総出、あるいは前述した初穂講員の奉仕を得ながら、肥料用の草刈、御田植祭、除草神饌田御田植祭、除草、刈り取り、脱穀をおこなった様子がうかがえる（社務日誌、昭和二十一年庶務雑書綴、昭和二十一年庶務雑件綴）。

また興味深いのは、神宮の神饌園（旧官舎跡の久米神饌園：五段九畝八歩、四条神饌園：八畝二一歩）について「農地法」（時期的に自作農創設特別措置法や改正農地調整法といった第二次農地改革関連法令のことか）の適用を除外するよう、畝傍町農地委員会宛に請願していることである（昭和二十二年九月二十三日付）。

現時の情勢より考へますに他に神饌用野菜類を求むる事は至難でありまして右神饌園の奉耕は橿原神宮祭儀の執行上絶対に欠く事の出来ないものでありますれば右御賢察特別の御詮議を以て農地法の適用より除外くださいます様事情を陳べ茲に請願する次第であります。

「農地法」が適用されると神饌園の耕作ができなくなるということなのだろうが、これは確かに大きな問題として神宮に認識されたのは間違いない。

神饌に関していえば、食糧の確保をどうするかの問題と同様に、日本酒の確保もまた重要な問題であろう。さきにみたように、献酒家に対して神宮職員が直々に挨拶に向かうのは当然というべきかもしれない。献酒および配給される清酒により必要量を確保していたところに、思わぬ事態が発生した。昭和二十二年度から清酒の配給が止まってしまったのである。というのも神道のみならず他宗教も清酒の配給受給権を主張したために、一切無配とされてしまったのであった。

神宮としてはこの状況を早急に善処してもらいたいと、奈良県下税務署長と酒類販売株式会社関係者に要請をおこなったほどである（昭和二十二年日件録）。

さらに戦後の混乱に乗じた盗難事件も発生していた。社務所から目の届きにくい西参道、裏参道などにある常夜灯の電球が相次いで盗まれ、そのためにこれらの常夜灯が一時的に廃止された（昭和二十一年庶務雑書綴）。昭和二十三年一月と九月には、貴賓館応接室からテーブル・椅子・時価約千円のテーブルクロスが盗まれ、警察へ届け出るとともに、戸締りの修繕や見回りの励行がなされた（社務日誌）。

さて神宮が戦後に置かれた困難な状況について述べてきたが、そのなかにあっても楽しみというものはあったのである。高階宮司は神宮職員への心配りを欠かさなかった。春季・秋季大祭の無事斎行、あるいは観月会、あるいは自身の誕生日ということで職員を自宅に招待してもてなした。職員全員に臨時賞与を渡すこともあった（昭和二十二年では六月、十月、十二月に確認できる）。職員のみならず職員の家族も含めた慰労会も開催され、浪曲や奇術の披露、福引などもあったという（社務日誌、昭和二十一年庶務雑件綴）。

また職員の労働環境に関連してこの時代がよく分かるものとしては、昭和二十三年七月二十五日の社務日誌に「本日より昼食后午后三時迄然るべく休養（午睡）する様お許しが有りました」との記述をあげておこう。なぜ高階宮司は職員に三時まで昼寝をすることを許可したのだろうか。

これはおそらくＧＨＱの指示で、この年の五月から導入されたサマータイム（夏時間）により、時刻が一時間早まったことにともない、職員の体力消耗を防ぐねらいがあったのだろう。

広報活動

宗教法人令に基づいて宗教法人となった橿原神宮は、広報活動をさかんにおこなっている。機関紙『かしはら』（昭和二十一年十月創刊）や社報『橿原の友』（昭和二十二年六月創刊、のちに『橿原だより』と改称）を通じて、崇敬団体の活動や祭典の様子、研究会や講演会といった文化社会事業の様子が報じられるとともに、しばしば高階宮司や奉斎会幹部らの論説記事を掲載した。

神宮の広報活動は、このような神宮直営のメディア以外にも、新聞やラジオといったマスメディアを通じてもおこなわれた。たとえば高階宮司は早くも昭和二十一年七月七日に、ＮＨＫ大阪放送局から「神社信仰について」と題するラジオ講演をおこない、神社に対して「誤まった国家管理官僚統制を加へた為に信仰の破綻を招来しつつあった」が、「時恰もマ指令により神社は民衆の手に戻り本来の真姿に於て進むこととなった」と、戦時から戦後にかけての神社および神社信仰の姿を振り返っている。つまり戦後になって神社は本来の姿を取り戻したのであって、これから「我々は今こそ祖先が育てそして生活の基準とした神社を広く世界人類福祉への根源たらしめねばならぬ」と広く国民に呼び掛けたのである。これは奉斎会常務理事の都筑肇が「じんむさんにかへる」運動によって、平和日本の建設に貢献しようという考えとも通底していよう（「神武さんを仰ぐ」『かしはら』二）。

ラジオに関していえば、ラジオで神宮がどのように報道されているかに注意を向けていた。昭和二十二年四月一日、NHK大阪放送局第一放送で「神前結婚式等最近ノ事情全般」について、住吉神社や大阪天満天神社などとともに報道したのを聞いて、「ソノ受ケタル印象ハ概シテ好意的ト考ヘラル」と述べている（昭和二十二年日件録）。

また新聞に関しては、神宮へ取材に訪れた新聞記者に宮司がみずから応対している様子が社務日誌で確認されるほか、地元の「橿原新聞記者会」と定期的に（春季・秋季大祭の前など）懇談の場を神宮が設けていた。懇談会でわざわざ晩餐を提供することもあったが、時事問題について記者団と意見交換をしつつ大祭をアピールして記事にしてもらい、参拝客を呼び込もうとするねらいもあったとみられる。また大祭に限らずたとえば「奈良大和タイムス」の編集局長と同紙の橿原地区担当記者との懇談会では、神宮側から「神苑ノ春ヲ紙面ニ美シク採上ゲル事ナドニ付」要望し、実際に「奈良大和タイムス」が取材に訪れたらしい（社務日誌、昭和二十二年日件録）。

こうした広報活動、すなわち直営メディアとマスメディアを駆使して、神宮から積極的に情報を発信することに努め、「開かれた神宮」をアピールしていた。神宮のイメージアップをはかっていき、参拝者の増加と経営の安定化を図ろうとしたことが分かるだろう。

社頭の様子

昭和二十一年、二十二年における月別参拝者数は、表2のとおりである。年間の累計では昭和二十二年に減少しているが、それでも年始の一月、春季大祭が斎行される四月、秋季大祭の斎行される十一月（昭和二十四年以降は十月に斎行）に参拝者が多くなっている。昭和二十一年では例祭のある二月のほか、特に祭典はないが八月にも参拝者が多かった。

では以上の参拝者の動向もふまえつつ、社頭の様子をいささか恣意的ではあるが、年始、盆踊り、神前結婚式、その他に分けて以下描いてみよう。

（1）年始

まず年始に関しては、昭和二十一年についてはすでに第二節で紹介したとおりであるし、表2からも明らかなように、神道指令の影響はあまり見られない。翌二十二年は数字のうえでは参拝者が前年比三割減となるが、神宮側の記録では「終日御社頭殷賑ヲ極ム」（一月一日、推定参拝者数約二万人）、「終日相次ゲリ」（一月三日、推定約一万五千人）とある（昭和二十二年日件録）。二十三年も多くの参拝者で社頭がにぎわっている様子が記され、特に貴賓館を参拝者の休憩所として茶席を設置したところ、非常に盛況であった。以降、昭和二十五年一月一日に「雨天ノタメ参拝者少ナク約一万人」との記述が見えるが、二十四年・二十六年・二十七年には年始における参拝者の数については確認できない（社務日誌）。

写真２　橿原神宮延寿若松授与所の風景
（昭和 27 年１月撮影）

表２　月別参拝者数
（昭和 21 年、22 年）

	昭和 21 年	昭和 22 年
１月	66,328	38,030
２月	80,395	6,845
３月	8,841	10,275
４月	156,908	176,450
５月	23,586	18,320
６月	9,357	9,260
７月	6,031	8,760
８月	90,318	9,880
９月	16,463	6,100
10 月	16,110	8,490
11 月	15,510	18,130
12 月	8,070	3,660
合計	497,917	314,200

出典
・「昭和二十一年・昭和二十二年（但七月迄）参拝者竝結婚式ニ関スル諸調統計」（『昭和二十二年雑件綴』）
・「観光並参拝人員数調査（昭和二十二年）」（『昭和二十三年往復文書録』）

ただし社頭においては、いわゆる初詣客を呼び込むための工夫がなされていた。二十二年には近鉄直営の橿原食堂が「奉納名物ぜんざい」の販売を出願し、出店が許可されている。このぜんざいは、前年末に宮司以下全職員による試食を経た橿原食堂の自信作だったと思われ、二十二年一月一日から三日まで第二鳥居右側にて販売されたのだが、参拝客の反応はよく分からない。二十五年からは獅子舞（伊賀国一宮敢国神社社中）、落語、「万才」など様々な神賑奉納行事がはじまっている。二十六年には「参拝者の群れを驚かした」「力技」、二十七年には近鉄が大会の経費や商品を提供して、弓初式や追はね大会も開かれている（社務日誌、昭和二十一年度日件録）。

（2）盆踊り

神宮でなぜ盆踊りなのかと、少々奇妙に思われる向きもあろう。戦後初めて盆踊りがおこなわれたのは昭和二十一年八月十六日～十八日のことで、社務日誌には七月二十七日に共同通信橿原通信部記者が盆踊りの件で来訪し、高階成章文化部長が応接した旨の記述がみえ始める。八月五日、十一日、十五日には高階文化部長以下内部の会議がおこなわれており、なかでも十一日は宮司や庶務部長（権宮司）、五名の新聞記者も出席しての会議であった。さらに十三日には神宮の全職員と地元の久米池尻青年団有志十一名が、久米寺より櫓の資材を借用搬入して組み立てるなど、この行事に神宮をあげて取り組んでいる様子がみて取れるのである。「橿原の社頭に平和とりもどし」「神前に大和心を踊り抜き」と書かれたポスターも作成された（昭和二十一年度日件録）。ポスターといえば春季大祭でも作成されているので、春季大祭なみの力の入れようといえようか。十四日には天幕を設営、頒布用品を準備して当日の開催を迎えた。

八月十六日は午後七時から十一時まで、伊勢音頭や江州音頭などが奉納され「賽者踵ヲ接シ御社頭殷賑ヲ極ム」有様であった。十七日は午後七時から十時まで、京都先斗町軽音楽団による演奏、舞妓による「オーガイ踊」、地元崇敬者による江州音頭が披露された。十八日は午後七時半から十一時半まで、大阪府北河内郡大和田村の住民四十五名による河内音頭が奉納されたほか、一般崇敬者により江州音頭が奉納されて幕を閉じた。三日間を通じて深田池畔と手水舎付近には、神宮より初めて出店を許可された露店が軒を連ね、こちらも大盛況であった。この人出にともなって「此の日を記念する家内安全御守や授与品の扇子、団扇などは忽ち出尽す盛況であった」ということである（昭和二十一年庶務雑件綴、社務日誌、「橿原社頭の大盆踊」『かしはら』二）。

行事がすべて終わった十九日は、神宮の全職員と久米青年団により後片付けをおこない、行事執行に協力を仰いだ四条畷神社、京都市先斗町、久米寺へは草場権宮司や要禰宜が直接挨拶に向かった（社務日誌）。

以上から昭和二十一年の盆踊りは、神宮の行事として執りおこなったといって過言ではない。それは十六日の夕御饌祭と十九日の朝御饌祭に盆踊り行事に関する特別祝詞を奏上したことにも表れている（昭和二十年以降私祭綴）。

このように大変盛況のうちに幕を閉じ、「今后、毎年の行事として挙行される筈である」とされた盆踊りは、その後どのような展開をみせたのであろうか。翌二十二年は八月十二日から十四日まで「第一鳥居前ニ於テ奉納盆踊アリ」、二十三年は八月十六日・十七日に「午後八時ヨリ一ノ鳥居前ニ於テ畝傍町主催ノ盆踊ヲ行フ」と社務日誌にはあるが、二十一年ほどの熱は神宮側に感じられない。二十四年には畝傍町青年連盟より、一の鳥居前にて盆踊りを八月二十六日・二十七日に挙行したいとの願出が神宮に出されるが、果たして実際に開催されたか否かを社務日誌からは確認できない。二十五年・二十六年はそもそも記述がなく、あるいは神宮での盆踊り行事は二十五年以降おこなわれなくなったのかもしれない（社務日誌、『かしはら』一）。

（3）神前結婚式

先ほど昭和二十一年の社頭収入の内訳をみたときに、祈禱料のなかに結婚式のものも含まれていたことからも明らかなように、「開かれた神宮」を象徴する事業の一つに、神前結婚式がある。「華燭の典は橿原で」という記事を引用しておく（『かしはら』一）。

希望の門出を神域より祝福すべく神宮当局では、孝明天皇明治天皇が親しく新嘗祭をとり行はせられた旧神嘉殿たる神楽殿を式場とし、更に勅使斎館を披露の間に開放し、結婚式場を漸く完備するに至った。既に結ばれたものは数百組があるが、挙式者の中の篤志家の発意により、由緒に連がる家々の親睦と奉献を趣旨とする「睦会」が計画せられ、披露間の調度品等その施設に賛助を示しつゝあるが、飛鳥井重春、米田伝司両氏の肝煎りで荘厳な島台が調達され、挙式者に多大の感銘を与へてゐる。

終戦直後に第一次婚姻ブームが訪れることを考えると、まさに社会からの要請にこたえんとした時宜を得た事業であったといえよう。ただし昭和二十一年〜二十二年七月に神宮で挙式した件数は合計しても百七十七であり、記事中にあるように「数百組」というには、戦前期から神宮での挙式の蓄積がなければならないが、正確なことは分からない。挙式者の出身地別でみると、奈良県内が七割以上を占め、そのうち高市郡が三分の一ほどであった。県外では大阪府が群を抜いて多い（昭和二十二年度雑件綴）。

この神前結婚式については、島台の調達に米田伝司（近鉄）が深く関わっていたことからもわかるように、近鉄とのタイアップでおこなわれた。神前結婚式の件数をより多くしていくための方策について、近鉄本社・近鉄上本町百貨店・関急食堂（近鉄食堂）の各担当者と面談を繰り返しており、その過程で神前結婚式その他に使用する膳類を近鉄から寄進されているのである（社務日誌、昭和二十一年度日件録）。

（4）その他

神道指令が出されて数ヵ月を過ぎると、公職者が神宮へ正式参拝するケースが散見されるようになることは、すでに述べたとおりであるが、その後もそれは特に変化はない。たとえば苫米地重男奈良県経済部長（二十一年八月二十七日）、福井盛太検事総長（同年十月五日）、木村司法大臣（同年十一月六日）、松岡駒吉衆議院議長（二十二年六月十一日）などである。公職者ではないものの、松下幸之助松下電器産業社長などの姿もあった（同年七月一日）。また正式参拝か否かは不明であるが、奈良軍政部労政部長のゴールドウィン（同年八月七日）や同産業課長のリッケ（同年九月二十四日）が参拝するまでになった（社務日誌）。

また昭和二十二年三月十一日には、皇太子明仁親王殿下が神宮へ行啓された。県の担当者が三月六日と七日に来宮し、境内の御巡視路などを確認して警備について打ち合わせをし、あるいは境内の衛生環境とりわけ貴賓館のトイレの清掃を念入りにおこなうように依頼があった。神宮では行啓の日に合わせて大祭を執行することを決定し、その準備をおこなったり職員全員で境内清掃に取り組んだりしている。また皇太子殿下の台覧に供するため、橿原考古学研究所より土器等八点を神宮に搬入した。

皇太子殿下は当日午前十時十分に南神門に到着され、ご参拝後神宮周辺からの出土品をご覧になった。係官からの通達により皇太子殿下には湯茶のみを提供し、菓子類の献上はなかった。十時五十分に次の行啓地である飛鳥へ向け出発された（社務日誌、昭和二十二年日件録）。

文化社会事業の構想と展開——子供会と林間学園を中心に

神宮奉斎会の設立において述べたように、奉斎会の活動として特に注目されるのが文化部を設置してその下に展開された文化社会事業である。文化部の部長には高階研一宮司の長男の高階成章が就任し、昭和二十二年には文化部を拡充させて様々な文化社会事業に取り組んでいくが、まずそれについて確認しておこう（『かしはら』二二）。

一、神武信仰の樹立並布教
二、橿原神宮宗教施設の改正
三、宗教文化の調査研究
四、図書の編纂並出版
五、児童擁護運動
六、社会道徳の啓蒙並普及
七、女性教養の向上
八、其他必要なる事業

八項目挙げられているうち、児童擁護運動については、「将来どこまでもまっ直ぐに伸びて行くべき子供等を社会悪から強く護」るために、具体的には児童擁護に関する啓蒙・研究機関の設置、児童向け幼児向けの読み物の作成・出版、文化園の設置、子供会の創設と林間日曜学校形式による運営が目指された。とりわけ子供会や林間学園については長期にわたって活動を続けたので、これについてみていくことにしよう（昭和二十二年雑件綴）。

子供会や林間学園に関してはすでに野口裕太氏の論文により紹介されているが、子供会の活動の発端は、昭和二十二年三月四日の長山稲荷社初午まいりにおいて、「お話の会」が開催されたことである。この時、岡本禰宜の紙芝居「金の御幣」、棚橋禰宜の童話「天狗山」が一時間にわたって披露されたところ、「黒山の如キ子供ノ群レニ大人モ雑リ傾聴」するという好評を得た。「来月二日子供会再開ヲ約シ」たとあるから、今後も継続的に活動することがすでに考えられていたのだ（昭和二十二年日件録）。

昭和二十二年十一月、この活動は「橿原子供会」と名付けられ土間殿や神武殿を会場として毎月一回開催されるようになる。橿原市をはじめ周辺の郡にある約三十の小学校から毎回多くの児童が参加した（「橿原だより」第一号）。子供会の運営には、奈良青年師範学校（後に奈良学芸大学。現在の奈良教育大学）の瀬川敏夫が尽力した。瀬川は童話の読み聞かせを中心に指導を行ったほか、子供会の司会を担当したり、林間学園が始まると講師を務めたりした。昭和二十七年の橿原子供会五周年記念大会では、高階権宮司から瀬川に対し指導への尽力をねぎらって感謝状と記念品の贈呈が行われた（「橿原だより」第二十一号）。

娯楽の少ない時代であり、紙芝居や人形劇の上演、歌の指導、地域の資料館見学、吉野方面へ

写真3　現地子供会　社会福祉施設美吉野園で開催（昭和34年）

遠征して地域の小学校で交歓子供会を開催するなど、多様なプログラムが組まれており、子どもたちが目を輝かせる姿が見られた。また、昭和二十六年からは子供会に参加する児童の出身小学校や社会福祉施設などを隔月で巡回する「現地子供会」も開催されるようになった。

この子供会の活動に関しても、昭和二十三年七月二十四日開催の子供会委員会に、近鉄の文化課長が出席しており、改めて近鉄と神宮とのかかわりの深さが分かる（昭和二十二年社務日誌、昭和二十二年日件録）。

子供会の事業への近鉄の関与について指摘したが、神宮外苑に作られた児童遊園地に関してもすでに昭和二十一年に「近畿日本鉄道会社の積極的協力を得て……委員に（奉斎会）

馬場総務部長、（神宮）高階文化部長、草場権宮司、堀技師、会社側より鈴木営業局総務部長、大北事業課長、西崎主任、甲佐道場長の八名が就任」しており、「花園、迷路、ベビーゴルフ、児童農場、動物園、科学博物館、演芸場、音楽堂、子供ハウス等色とりどりの微笑ましい設計」を手掛けていた（『かしはら』二）。

昭和二十四年、子供会の活動を発展させる形で橿原林間学園が夏休み中に実施されるようになった。第一回の日程は八月八日から十三日に至る六日間で、参加費は二百円であった（令和元年現在の参加費は、五日間で五千円）。開催場所は橿原神宮の神苑であり、木立の間に机や椅子、黒板を並べて実施した。

開催要項には、「将来の日本を建設する重い責任を負っている児童たちに是非必要な教養は英語の会話であると存じます。極く初歩からわかり易く、しかも面白い本当の実力のつくように、この道の権威ある講師の先生からご指導を受ける」と記されていた。修了証にも「英会話を中心とした夏季林間学園」という文言が入っており、英語学習熱が高まりを見せる当時の社会情勢を反映している。英会話を学園の活動の中心に据えたのは、進駐軍（ＧＨＱ）に対するアピールが意識されていたのかも知れない。

実際の英語学習の内容はいかなるものであったのだろうか。第一回林間学園に参加し、また昭和三十年代に講師の補助（大学生によるクラス担任）を務め、その後も長きにわたって学園の指導

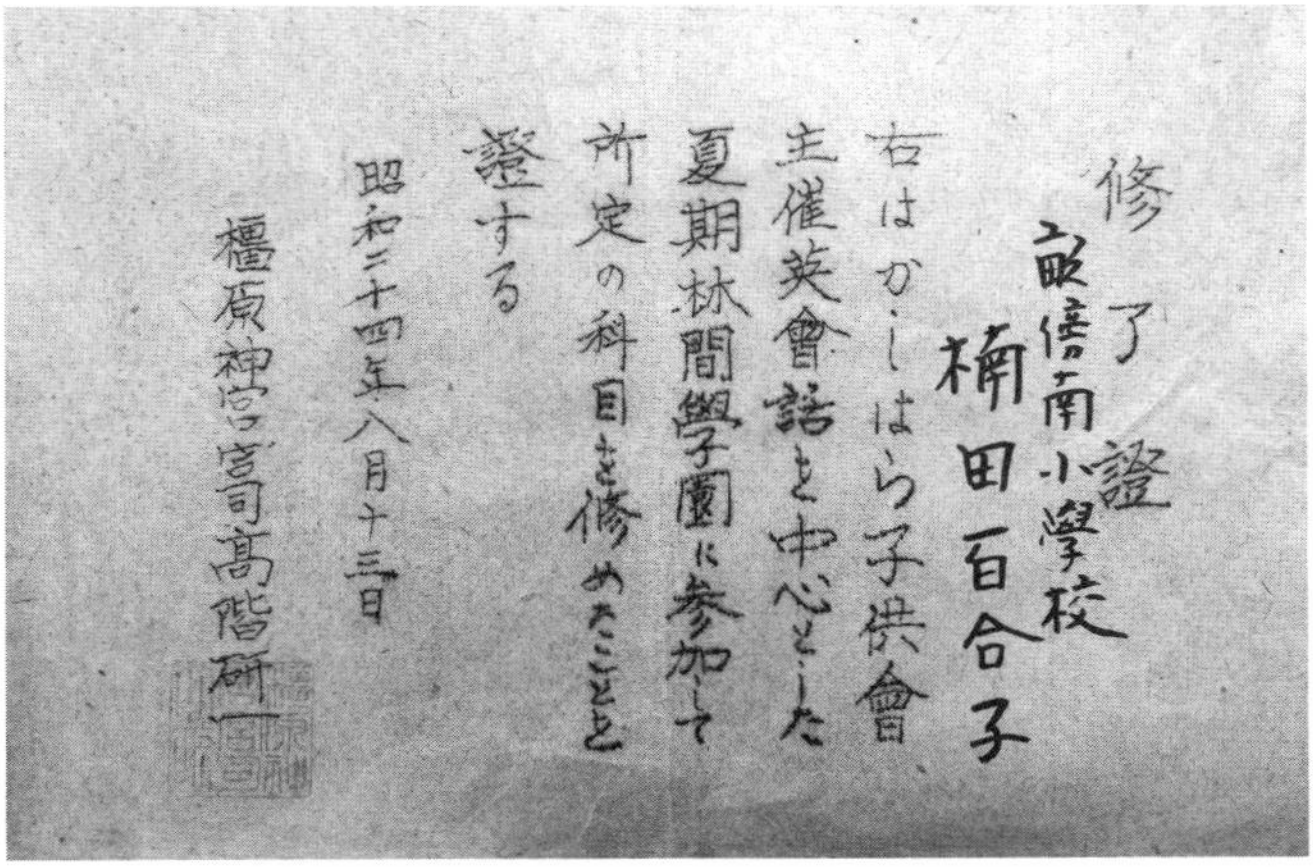
修了證

畝傍南小學校
楠田百合子

右はかしはら子供會主催英會話を中心とした夏期林間學園に参加して所定の科目を修めたことを證する

昭和二十四年八月十三日

橿原神宮宮司高階研一

写真4　第1回林間学園修了証（三喜田百合子氏提供）
昭和24年の第1回林間学園参加者に渡された修了証。「英会話を中心とした夏季林間学園」と書かれている。

写真6　第3回林間学園開園式（昭和27年）

写真7　第3回林間学園（昭和27年）
外拝殿前における参加児童集合写真。

写真5　第3回林間学園（昭和27年）

に携わった三喜田百合子氏によれば、英語学習は簡単な単語や挨拶、また「キラキラ星」や「こげこげボート」といった英語の歌を習う程度であったという（令和元年十二月二十三日、三喜田氏から聞き取り）。

英会話以外には、理科や音楽などの教化指導、ダンスなどが教授され、また畝傍山の登山も行われた。さらに、子供会で診察を担当していた布施医師による健康診断の実施があった。最終日の夜には幻燈の上映も行われ、五感に働きかける充実したカリキュラムが組まれていたことが分かるだろう。

英会話を中心とした林間学園の教育は第八回まで続けられ、昭和三十三年の第九回からは理科・社会・図工・音楽・合同学習という内容に変更され現在に至る。

学習内容は社会環境の変化に伴って適宜変更があり、また読書指導や歴史講話、工場や博物館見学などが加えられた。近年では神宮会館を会場とした救命講習が実施されるようになった。

林間学園長は宮司が務め、各学習の指導者は、かつては主に県内にある各種学校の現役教員が担い、近年では定年後の教員経験者などが担当している。また、大学生のクラス担任（班長先生と呼ばれた）が教科ごとに分けられたクラスに配され、授業の補助を行う。児童の健康管理に関しては、第一回から医師や看護師が必ず常駐し、健康・安全面への備えは万全になされている。

児童の多くは橿原神宮の周辺、あるいは奈良県内から参加するが、県外の児童が祖父母の家や

写真 11　第 9 回林間学園における宮司・講師集合写真
（昭和 33 年。三喜田百合子氏提供）　前列中央が高階権宮司、前列左端は子供会や林間学園の活動に尽力した瀬川敏夫。瀬川の右上が三喜田氏。

写真 8　第 5 回林間学園（昭和 29 年）

写真 9　第 9 回林間学園
（昭和 33 年。三喜田百合子氏提供）

写真 10　第 9 回林間学園
（昭和33年。三喜田百合子氏提供）

写真 12　第 10 回林間学園（昭和 34 年）
林間学園の受付を撮影。

ホテルに宿泊して参加した事例もあった。また、障がいを持った児童や日本に居住する外国人の児童が参加することも多く、林間学園の門戸は誰にでも開かれている。

林間学園は昭和二十四年に始まり、昭和二十五年を除いて現在に至るまで毎年実施されており、神宮における風物詩の一つといえよう（三喜田百合子「橿原神宮林間学園の歩み」『かしはら』第一七三号）。

その他、占領期における児童を対象とした事業としては、昭和二十六年六月十日に近鉄との共催で行われた「象のあや子さん」参拝を挙げることができる。この日、近鉄あやめ池遊園地（奈良市）で飼育されるあや子さんは時の記念日の標語の入った衣装に身を包み、近鉄の事業部長など関係者に付き添われて神宮前駅から歩いて神宮を参拝した。当日は晴天だったこともあり、近在から数千名の参拝者・児童が集まったという。

ボーイスカウトの野営訓練に外苑が使われることもあった。橿原神宮は信仰の場であるのみならず、地域における教育・課外活動の場としても機能した（「橿原だより」第五号・第六号、昭和二十六年社務日誌）。

また、小中学生から参加できる奉納書初め大会は昭和二十七年一月に始まり、これも現在まで続いている（事業関係綴）。

表3　参加人数の変遷（三喜田百合子「橿原神宮林間学園の歩み」『かしはら』第一七三号から転載）

開催回	開催年	五年間の平均参加人数	参加学年
一〜五回	昭和二十四年〜二十九年 ＊昭和二十五年は開催せず	二四六名	小四・小五・小六・中一・中二
六〜十回	三十年〜三十四年	三四八名	
十一回〜十五回	三十五年〜三十九年	三四六名	
十六回〜二十回	四十年〜四十四年	四一二名	
二十一回〜二十五回	四十五年〜四十九年	五一〇名	小四・小五・小六
二十六回〜三十回	五十年〜五十四年	五三〇名	
三十一回〜三十五回	五十五年〜五十九年	四六二名	
三十六回〜四十回	六十年〜平成元年	三〇三名	
四十一回〜四十五回	二年〜六年	二四七名	
四十六回〜五十回	七年〜十一年	二四〇名	小三・小四・小五・小六
五十一回〜五十五回	十二年〜十六年	二九七名	
五十六回〜六十回	十七年〜二十一年	三四〇名	
六十一回〜六十五回	二十二年〜二十六年	二一七名	
六十六回〜六十八回	二十七年〜二十九年	二〇三名	

地域の人々の生活と神宮

以上みてきたように宗教法人化した神宮は、「開かれた神宮」を社会にアピールする様々な施策を取ってきた。この「開かれた神宮」について、神宮が鎮座する地域の人々の生活という視点から次にみてみたい。

昭和二十一年十一月三日、久米青年団が日本国憲法発布を奉祝して、太鼓台を外拝殿前まで担いで参拝したことに対して、神宮より祝儀を出している。これはその年の八月に盆踊り大会（本節**社頭の様子（2）**）を実質共催したというつながりがあったからだろう。また二十三年十月二十二日に畝傍町大久保の畝傍御陵駅前で鎮火までに十二時間以上を要した火事があった際には、石崎禰宜と太田権禰宜が、関係官署や崇敬者宅、負傷者が運ばれている病院へ見舞に訪れている。これもこの年の秋季大祭から神賑行事に関して畝傍町の各町々と話し合いを進めていたこと（本章第三節）が影響している可能性は高い。二十二年一月に畝傍町大久保町会から町営共同浴場用の煙突土管を譲渡してもらえないかとの相談があった時も、神宮は保管中の二尺土管を六本譲渡している。ともあれ、地域との結びつきも大切にして経営を維持しようという神宮の意思が読み取れる。

一方で境内に関わることについては、基本的には地域の人々からの要望を尊重しつつも、抑制的に対応している。たとえば深田池の水を近隣の水田の灌漑に使いたいという申し出に対してはその都度認めていたようだが、畝傍町の助役がしばしば神宮を訪れて地域の人々の代弁者となって善処を求めた。とりわけ深田池は灌漑用水のみならず、漁獲をめぐる問題があった。神宮側は漁獲を自由に認めれば乱獲のおそれがあり、自然環境・景観も保持できなくなるとして消極的だったのだが、助役が間に入ったことで話がまとまり、まずは昭和二十三年九月十九日に限り漁獲が認められた。その結果、この日は早朝より近辺の釣り客に加えて見物人が池に集まり、権宮司以下の職員が参道の要所要所にて参集人の整理に終日当たったという（社務日誌）。

また神宮境内の草を刈って肥料にする近隣の農家が多かった状況に対しても、食糧増産の折柄、一定の理解を示しつつも、境内の美観に配慮して「虎刈ニセズ一様ニ美シク刈ル様各職員ヨリ注意」するよう宮司が指示を出していた。これも深田池の話と似通っているだろう（昭和二十二年日件録）。

このほか国からの境内地払下、無断耕作の問題など境内地をめぐる諸問題については、本章の範囲内では結局のところ完全な解決を見なかった。この点に関して、神宮がこの地域の人々とどのような関係を構築していったのかは、重要な論点として残されている。

第三章　独立回復より建国記念の日制定まで

第一節　独立回復と紀元節復活への動き

紀元節復活運動の兆し(1)

紀元節の廃止と復活への動きについては『神武天皇論』第七章にて詳述されるので、ここでは神社界あるいは橿原神宮を中心にみてみたい。

日本が独立を回復すれば、独立国家として、祖国の建国を祝う記念日があるのは当然のことであり、それがまさに、紀元節の復活に他ならない。

紀元節復活運動の兆しとなるのが、昭和二十六年三月九日の参議院予算委員会における吉田茂の次のような発言であった（「第十回国会参議院予算委員会会議録第二十三号」）。

（前略）そこで独立したのちにおいて、紀元節その他をどうするか、これはお話の通りいずれの国においても建国祭、建国記念日を祝するのは当然のことでありまして、日本としても絶えず講和条約ののちにおいては紀元節を回復いたしたいものと私は考えます。これも国民の総意によつて、国民の燃ゆるがごとき熱意によつて自然に紀元節が回復せられ、或いはその他の祝日が回復せられるということは、国民の総意によつて、自然に盛り上る力によつて回復することに至れば結構なことだと思います。又そういうふうに国民を導いて行くことも政治であると考えます。（後略）

そして高階研一宮司が事務総長をつとめる神社本庁においても、二十六年十一月に奈良県神社氏子総代会から紀元節復活国民運動についての要望を請けて、十二月六日に森清人・折口信夫・柳田国男・肥後和男等に学問的見地から意見を求めるとともに、昭和二十七年の元旦には、神道青年協議会が中心となって全国神社の社頭で署名運動を行い、多数の賛同を得て政府、国会に紀元節復活の陳情をおこなった。自由党政務調査会では高階事務総長や折口信夫國學院大學教授等を招いて意見聴取し改正法律案も作成されたが、時期尚早として国会提出には至らなかった。

高階事務総長は、全国神社にも紀元節祭を執り行うよう希望する談話を発表。昭和二十七年二月十一日、奈良県神社庁では橿原神宮をはじめ県下千四百の神社で盛大な紀元節祭を斎行した。

独立回復後の橿原神宮②

昭和二十七年四月二十八日、講話条約が発効し、日本は独立を回復した。橿原神宮では、五月五日、午前十時より平和条約発効奉告祭を斎行。奈良県知事・大阪府警視総監・奈良県議会議長・警察隊長・町村長・県議会議員、崇敬者総代や奉賛会・神武講・初穂講・婦人会の代表者あわせて百八十名が参列、一般参拝者は五、六千名にのぼった（「社務日誌」）。

六月四日には、天皇陛下が我が国の独立をご奉告のため、橿原神宮にはお立ち寄りになられな

橿原だより　第十五號

近畿地區裁判所長の參拜　大阪高等裁判所長松本師吏氏外、近畿各府縣裁判所長一行二十四名は、四月十七日打揃つて來宮の上、特別參拜をされました。

平和條約發效奉告祭　奉告祭は高階宮司以下奉仕の下に、地元縣知事與田良三氏、田中大阪府警視總監、辻本縣會議長、宇田警察隊長、足立教育長、近畿地區市町村長、同官公衙長等二百數名が參列、神前で執り行はれ、引つゞいて縣奉祝會主催のもとに、橿原會館の奉祝場で記念式典に祝宴が行はれました。又、かしはら子供會は、五月四日正午より橿原會館にて、舞踊、劇、奇術、輪話、音樂等多彩な行事が繰りひろげられ、獨立日本の喜びにつつまれて、縣内の小、中學生約參千餘名が參會致しました。

除草奉仕　五月十日増田製藥株式會社の從業員は、工場長以下五十數名の方が、折柄の雨にもめげず神域の除草を奉仕し、夕刻社務所にて[illegible]宮司の講話を聞き、米國の風物を幻燈にて觀賞しました。引つゞき座談會を催し、日常の修養談等について一日を意義深く過されました。

長良川の若鮎　川開きとともに捕獲した初鮎を、宮中、伊勢大神宮、橿原神宮に奉獻される恒例の行事が、本年も長良川青年團の手によりて催され、五月十日當神宮にも奉獻されました。

バード週間に巣箱の設置　愛鳥週間中の五月十四日、高市地方事務所から、神域内に巣箱の設置を申出でられ、十數箱を神苑内の木枝上に設置しました。

（寫眞説明）
五月五日平和條約發效奉祝會場の盛況。

写真1　『橿原だより』第15号（昭和27年）
平和条約発効奉告祭

橿原だより　第十九號

秩父宮妃殿下の御參拜　秩父宮勢津子妃殿下には八月三十日午前九時一の鳥居前にて御下車、御出迎への高階權宮司の御案内にて外拜殿に進まれ、手水舍に修祓の儀を畢り内拜殿に御參進、讀祖の大前に玉串を捧りて御拜遊ばされ、次いで南神門内に奉迎の橿原神宮婦人會員に親しく御言葉を賜ひ、貴賓館にて御少憩の後外苑競技場の全國勤勞者體育大會に臨まれました。（寫眞は神苑の妃殿下）

宇宙の話を聞く　橿原談話會九月の例會は去る六日講之京都大學教授生駒天文台長上田穰博士を主賓として、會員約五十名が集り貴賓館會議室で催されました。初めて聽く天體の話に、絡問、質問續出、和氣靄々裡に成人教育の效果を收め、定刻五時散會しました。

神武講社役員夏季總會　九月十一日、神武講世話人百五十余名が中之月次祭に參列後勤館にて總會を開催、講社擴充並に秋季大祭奉贊につき種々協議、終つて五ケ月に亘るアメリカ各地の巡業より歸朝した吉田奈良丸師の奉納浪曲其他漫才等に打興じ、有意義な總會の幕を閉じました。

大阪奉贊會役員の渡英　橿原神宮大阪奉贊會理事の東洋紡績社長阿部孝次郎、大日本紡績社長原吉平、倉敷紡績社長武藤絲治の三氏並に評議員の富士紡績社長堀文平氏には今回國際綿業會議代表として渡英されろ事となりました。

秋季大祭畝傍町奉贊會結成　地元畝傍町にあつては毎年奉贊會を結成町民學つて秋季大祭奉贊の誠を捧げて參りましたが今年も去る七日その結成を終り、大祭委員長に増田清一氏、副委員長に池本平治、奥田忠三郎、林一雄の三氏を、又總務、祭儀、經理、演藝各部長其他役員を選任、各部に於て鋭意準備を進めて參りましたが今回全く完了十月三日を待つのみとなりました。

豫告
一、秋季子供大會　十一月二日（日曜）於橿原會館
二、橿原談話會　十月十一日（土曜）午後二時

写真2　『橿原だより』第19号（昭和27年）
秩父宮勢津子妃殿下御参拝

かったが、畝傍山陵を御親拝なされている。また、橿原神宮にはこの年、八月三日に三笠宮崇仁親王殿下、八月三十日に秩父宮勢津子妃殿下、十月十六日に高松宮宣仁親王殿下が御参拝になられた。

十月三日の秋季大祭は、昭和二十三年より地元畝傍町の方々がご奉仕されることとなって、昭和二十七年も早朝より畝傍町奉賛会の方々が社頭に奉仕、神武講世話人の方が受付奉仕され、午前十時より祭典。特別参列者約四十名、一般参列者約百名参列のもと執り行われ、御祭神の御神徳に感謝申し上げ、祭典では今年の実りに感謝するとともに、国家の繁栄と国民の平安、崇敬者の隆昌を祈願した。敬老会として高齢者の方々をお招きし、午前十一時から伊勢大神楽、敬老会演芸会、午後四時から散餅といった神賑行事が畝傍町の方々により奉仕された（「社務日誌」、「自昭和二十三年　秋季大祭関係綴」）。

十一月には、国有地となっていた全境内地、約十五万坪を無償譲与されることが、社寺国有境内地処分中央審査会にて決定された（二十八年四月二日に奉告祭を斎行）。

年明けて、独立回復後はじめて迎えた正月三が日は、好天にも恵まれ、全国の神社が初詣の人々で賑わったが、橿原神宮も三日間で四十五万人の人出があり（「社務日誌」）、その様子が『橿原だより』号外に次のように伝えられている。

とどろく迎春太鼓

今年の正月は、大阪南本正利氏より奉納になつた大太鼓を、午前零時の迎春を期して、高階権宮司の奉仕で二千六百十三年に因み、二百六十三の鼓報を打ち、畝傍の山にこだまする迎春太鼓の響によつて、独立日本の新春は力強くひらけて行きました。この太鼓のとどろきはＡＢＣで放送され、早朝来の好天気で、延寿神楽の奉奏、延寿護符、みくじをうける参拝者の群の引きも切らず、又延寿神楽の奉納者は奥田奈良県知事、松井県議会長、県下各市町村長、製薬関係者をはじめ全国各地から参拝の崇敬者、京阪神の各観光バスの参拝団等でさしもの広い神域も、お正月三日間は身うごきも出来ぬほどのにぎわひでありました。

（『橿原だより』号外）

二月十一日、独立回復後最初となる紀元祭も厳粛かつ盛大に執り行われた。勅使清水谷公揖掌典を迎え、参列者は東京・京阪方面からも参集し六百余名（「社務日誌」、「自昭和二十六年至昭和三十一年　例祭ニ関スル書類綴」。『橿原だより』は七百数十名、『神社新報』は約一千名）、一般参拝者は約二千名（「社務日誌」）にのぼった。祭典は午前十一時開始、都山流幹部会百数十名による尺八「君が代」「紀元曲」も奉奏され、畝傍山にこだまする曲の音は一同に感銘を与えた。

饗宴の儀にて高階研一宮司は、

（前略）本日の佳辰は、当橿原神宮にとりましてのみならず、我が国にとりまして記念すべき意義深き日であります。神武天皇が橿原の地に国家のいしづゑを築き給ふた日のかしこさと、その喜びは、民族の血脈を通じてつねに日本が躍進して来ました根元の力となつて参つたことは、日本の歴史が証するところであります。この儼然たる事実に敢て眼をおほふ必要は毛頭ないのであります。（後略）

と挨拶（『橿原だより』号外）。また、例えば参列者の杉道助大阪商工会議所会頭は「日本人として今日のお祭りは感激の至りであつた。この上は是非とも紀元節を復活し、国民挙げて今日の如き感激を分ち合ひたい。人間が誕生日を祝ふ以上、国もその誕生を祝ふのは当然で、現在まで放置されてゐることは遺憾に堪えない」、また関桂三東洋紡会長も、「戦後、橿原神宮には参拝者も絶え、畏れ多い極みであった。そこでお祭りだけでも立派に奉仕出来るようにと、奉賛会を作りお手伝いして来たわけだ。日本国家の独立後は参拝者も増し、神宮崇敬の気風が昂揚されて来たことは誠に喜ばしい。ただ紀元節が復活しないことは甚だ残念である。」と語ったように（同）、社頭は次第にではあるが確実に賑わいを取り戻しつつあり、参列者からは紀元節復活への期待も述べられた。

皇太子殿下御参拝(3)

昭和二十八年二月二十五日には、渡欧御奉告のため、皇太子明仁親王殿下が橿原神宮に御参拝になられた。十時三十分御着、霧雨が包む中、御渡欧の御奉告を済まされ、特別奉拝者約二百名が万歳の唱和でお送り申し上げた。
十一月八日には、御帰朝御奉告のため御参拝の予定であったが、御風邪のため畝傍・桃山山陵と橿原神宮の御参拝は取り止められ、神宮には翌日、野村行一東宮大夫が御代拝された。

境内における盗難事件(4)

独立回復は、我が国にとって大きな希望となったが、橿原神宮において以後の紀元節復活運動の本格化に至るまで、万事が順調であったわけではない。例えばこの時期に直面した苦難として、境内での盗難事件が多発したことがあげられる。
昭和二十六年から二十七年にかけては、次のように盗難事件が続発している（「御本殿盗難被害一件書類」による）。
昭和二十六年
七月　本殿透塀の金具、十月　旧神饌所より神輿の鳳凰や幡など、十二月　宮域内の松樹
昭和二十七年
二月と四月　参道神橋の金具、四月　勅使館玄関の雨樋、四月　御塀通用門の金具、四月　休憩所の湯沸、五月　森林内の電話線、五月～七月　斎館北石橋欄干の擬宝珠、八月　斎館の風呂釜、九月　斎館裏のマンホール蓋、九月　社務所東の電話線、十月　外拝殿の賽銭箱、

十二月　本殿透塀の金具、十二月　本殿西側屋上の鎖、十二月　山林盗伐

翌昭和二十八年二月二十八日には、本殿廻廊の蔀開戸の金具二十枚と廊下の釘隠の金具四個、続けて三月三日には同じく本殿廻廊の蔀開戸の金具と本殿御扉の金具計二十四枚が盗難された。

橿原神宮では終戦後の世態の変化に対して、守衛を廃して全職員で警備にあたる体制を敷いてきた。今回の両度にわたる本殿での盗難に対し、警察も事件を重要視して警戒を強めたが、職員も犯人検挙を深く決意して、三月三日より連日、二名の宿直員をもって夜間特別勤務を実施。その結果、三月十三日、犯人が本殿に侵入して御扉の金具を取り外しているところを特別勤務中に発見、犯人逮捕に至った（「社務日誌」、「御本殿盗難被害一件書類」）。

終戦後における経済的・社会的情勢を背景に、我が国では昭和二十三年をピークとして盗難発生件数が急増した。国民の困窮といった経済的要因、加えて従来の道徳や価値観が覆されるなど社会秩序の混乱が著しかったことに起因する（法務総合研究所『犯罪白書』）。昭和二十五年から二十八年にかけては経済状態の好転に対応して盗難事件は減少傾向にあったが、高度経済成長期前のことでもあり、何より、社会秩序が回復しつつあっても、占領下の影響は日本人の思想的混迷に色濃く残っていた。

表1　橿原神宮境内に於ける盗難被害一覧

被害年月日時	被害場所	被害品目
昭和二十六年七月六日	橿原神宮御本殿透塀東北西側	透塀金具　一〇五個
昭和二十六年十二月二十六日	神宮境内畝傍町字池尻山林	松　一本（時価三〇〇〇円）
昭和二十七年二月十日	神宮表参道神橋	青銅釘隠し、金物　五枚
昭和二十七年四月十六日～十八日	神宮表参道神橋	青銅釘隠し、金物　十八枚
昭和二十七年四月十六日～十八日	神宮勅使館玄関	銅製雨樋　三、八八メートル
昭和二十七年四月十九日	神宮勅使館玄関	銅製雨樋　二、八八メートル
昭和二十七年四月十九日	神宮透塀東側通用内扉	扉引手金具青銅一個
昭和二十七年四月二十二日	神宮境内深田池北側休憩所	アルミニウム湯沸一、胡床（布）二枚
昭和二十七年五月十二日	神宮社務所より斎館に至る森林中	架設電線　銅一、二ミリのもの九〇メートル
昭和二十七年五月二十二日頃	斎館北側石橋欄干（擬宝珠）	青銅製擬宝珠　一個
昭和二十七年六月二十一日頃	斎館北側石橋欄干（擬宝珠）	青銅製別図擬宝珠上部　一個
昭和二十七年六月二十二日～七月二日	斎館北側石橋欄干（擬宝珠）	青銅製擬宝珠四方の上部
昭和二十七年八月十一日	橿原神宮斎館宮司潔斎風呂場	風呂釜鋳物ドストル　径一尺五寸位
昭和二十七年九月十三日	斎館南方裏側マンホール	マンホール蓋　二尺四方、厚さ四分のもの
昭和二十七年九月十七日	社務所東側道路南側電柱	銅製電話線　二五〇メートル
昭和二十七年十月二十一日	神宮外拝殿賽銭箱	賽銭推定約七百円。十円紙幣を主とす
昭和二十七年十二月二十一日	御本殿透塀釘隠し金具	一四八個
昭和二十七年十二月二十五日	御本殿屋根	御本殿の御屋根西側屋上にありたる鎖三本
昭和二十八年一月十二日～二十二日	御本殿透塀釘隠し金具	一七五個。主として上部のものを窃取さる
昭和二十八年一月二十八日	畝傍町大字池尻領山林内	松樹　二本、檜樹　七本

紀元節復活運動の本格化⑤

高階研一宮司は、昭和二十八年の参議院議員選挙に神社本庁推薦候補として選考決定されたが、橿原神宮総代会の決議により立候補を辞退。その責任をとって、昭和二十四年四月よりつとめた神社本庁事務総長を二十八年三月に辞任した。

昭和二十八年十月、伊勢神宮では式年遷宮の遷御の儀が執り行われ、国民の奉賛により成し遂げられたことは斯道の興隆を印象付けた。

紀元節復活運動についても、十一月、元衆議院議員若林義孝を代表とする「建国記念日制定促進会」が民間団体として結成された。明けて昭和二十九年二月十一日の紀元節は、運動にとって画期的なものとなる。

橿原神宮においては、勅使室町公藤掌典参向のもと、七百名（「社務日誌」による。『神社新報』では一千二百余名）が参列して前年以上に盛大に祭典が執り行われた。式後、奥田良三奈良県知事からは、紀元節復活に万全を期す旨の言明があった。

全国の神社においても、祭典を厳修、社頭にて紀元節にちなむ講話などが行われている。東京の日比谷公会堂では、建国記念日制定促進会と東京都神道青年協議会の共催による第一回「国の始めを祝う会」に千余名が参集、祭典執行の後、多彩な奉祝行事が繰り広げられている。全国各地で様々な奉祝行事が市民によって自発的に催された。

写真３　紀元祭（昭和36年）

これに先立つ二月五日、中野公会堂で行われたＮＨＫ主催の「紀元節は復活さるべきか」という討論会では、復活論が極めて強いことが示され、同じくＮＨＫ文化研究所が一月二十九日と二月二十一日の二度行った世論調査でも、賛成が八四・五％、八七・四％となっている。

以後毎年、紀元節奉祝と紀元節復活運動の気運は高まりをみせることとなる。昭和三十年二月十一日には東京の日比谷公会堂にて、国民祭典執行委員会（代表鷹司信輔）主催の「紀元節奉祝の集い」に安藤正純文部大臣をはじめ二千余名が参列、翌三十一年二月十一日には、神社本庁はじめ八十八団体が連合し、橿原神宮奉賛会会長木村篤太郎が運営会長をつとめる「紀元節奉祝国民大会」が開かれ、木村を会長とする「紀元節奉祝会」を結成。日比谷公園から神田共立講堂まで約四千名による日の丸大行進は三千メートルを超え注目を浴びた。

橿原神宮においては、三十一年二月十一日は磯城郡耳成村・高市郡畝傍町・八木町・今井町・鴨公村・真菅村が合併して橿原市が誕生。市民は紀元節の佳辰をことほぎ市制誕生を喜び合った。三十二年以降は、好川三郎橿原市長らが三十一年十二月に結成した「紀元節復活運動本部」による紀元節奉祝橿原大会も行われるようになる。奉祝のアーチ、幔幕、アドバルーンなどで飾られ、剣道大会などの奉祝行事、翌三十三年からは、時代行列、建国踊り、歌合戦など多彩に繰り広げられた。奈良県下では、磯城郡川西村で昭和三十四年、二月十一日を休日とし、全村挙げて紀元節を奉祝して話題を集め、翌三十五年には一市二町二村、三十六年には十市町村と広がりをみせている。三十六年八月二十一日には、橿原神宮を主会場として紀元節復活運動西日本大会が開催されて、奉祝団体代表九十余名が集い、「紀元節復興西日本協議会」（会長＝谷口貞次郎奈良県紀元節奉祝協議会長）の結成も決議された。

昭和三十七年二月には、前年十一月に開催された神道青年全国協議会主催の第三回「全国氏子青年の集い」（会場伊勢市）で提案され、東京紀元節奉祝会にて実施を計画した「建国記念御神火行進」が、橿原・伊勢・熱田の三神宮の了解を得て、神道青年全国協議会氏子青年グループ・生長の家青年会・日本健青会など青年団体により実行委員を組織して行われた。二月五日に橿原神

写真４　紀元祭の時代行列（昭和 36 年）

写真５　紀元祭（昭和 37 年）

宮、六日に伊勢神宮、七日に熱田神宮でそれぞれ浄火をいただき、各神域内と主要道路は徒歩、橿原神宮から伊勢神宮までは列車、それ以外は自動車で行進し、二月十日に明治神宮にお供えし、翌十一日、明治神宮から東京の紀元節奉祝会場（新宿厚生年金会館）まで行進して点じるというもので、奉祝の気運を盛り上げた。橿原神宮では、二月五日午後四時から浄火拝受式、六日午前七時から橿原神宮駅まで徒歩行進が行われた。

世論の高まりを受けて、昭和三十二年二月十三日には自民党による第一回目の国民の祝日法改正案の国会提出があるが、野党の強い反対で審議未了、廃案となり、以後毎年のように自民党から法案提出がなされるものの、左派による反対運動も熾烈となっていくのである。そうした政界・学界の動向は『神武天皇論』第七章を参照されたい。

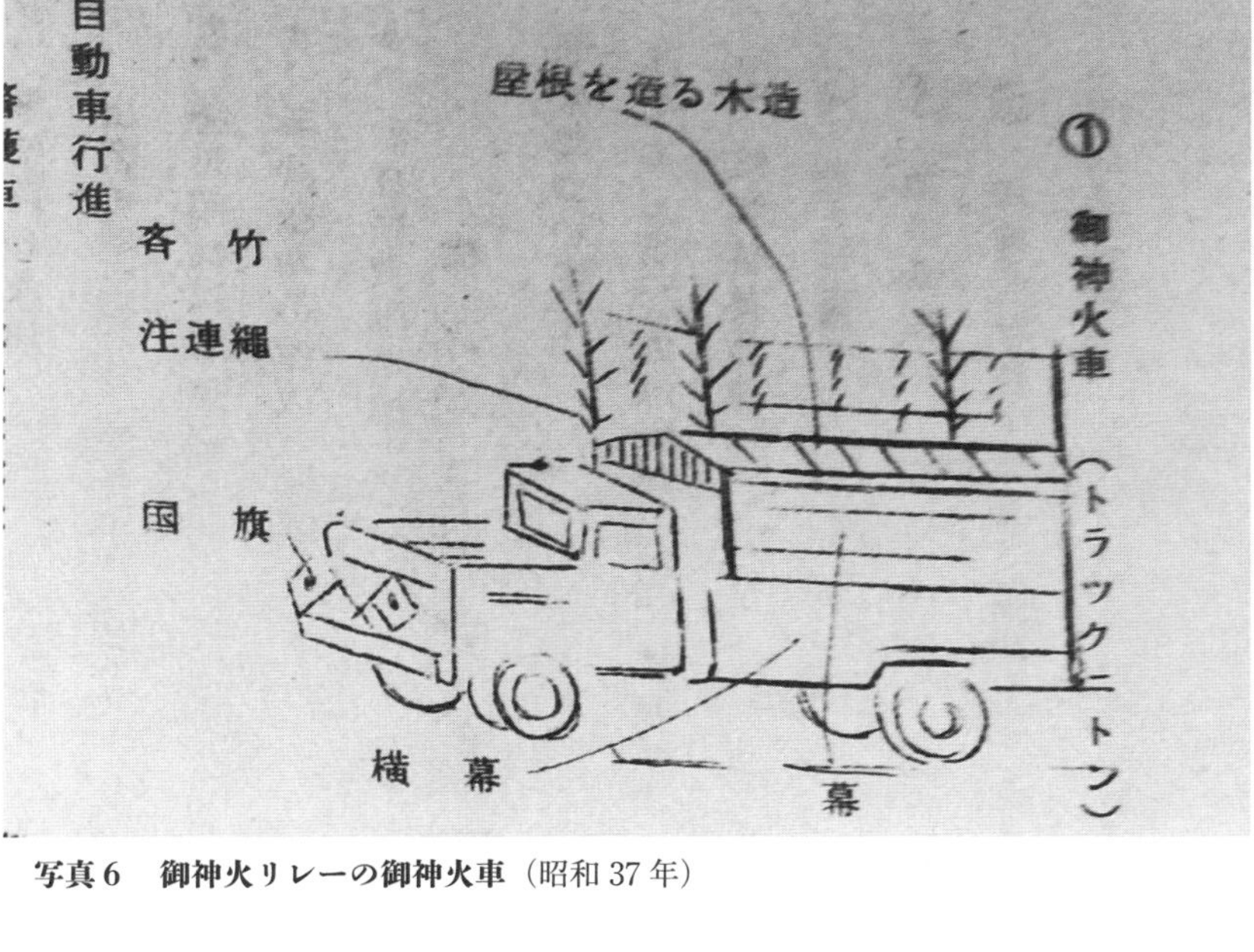

写真 6　御神火リレーの御神火車（昭和 37 年）

写真 7　紀元祭（昭和 38 年）第一鳥居前

第二節　建国記念の日の制定まで

皇孫殿下御誕生⑹

昭和三十五年の正月には、奉納された子歳開運の大絵馬が外幣殿に掲げられた。大阪市内の会社五社による奉納で、横八メートル、高さ六メートル。この年二月二十三日、皇孫殿下（徳仁親王殿下）がご誕生になられるが、それを記念してのものという（「橿原だより」）。干支の大絵馬は、以後毎年掲げられている。

一月十六日に皇孫降誕・紀元節復活祈願祭が行われ、五月にはご誕生後の初節句奉祝として社頭に鯉のぼりも建てられた。

写真８　拝殿前の大絵馬（昭和 36 年正月）

写真９　皇孫殿下（今上陛下）初節句の際に奉納された鯉のぼり（昭和 35 年５月５日）

森林遊苑の整備[7]

「橿原森林遊苑」は、紀元二千六百年記念事業として新たに拡張された境内のうち、旧畝傍公園を中心として宮域の東側に接続する約八万坪の地域と、宮域の南側に接続する深田池およびその周辺の土地を含む約二万坪の区域、合計十万坪におよぶ。

紀元二千六百年を記念して境内を拡張し、その際に常緑樹を主体として樹種一〇七種、七六、一一八本の植栽が行われたが、材木の育成のために十四年間立ち入りが禁止されていた。在来木のクロマツ、アカマツを移植したのを始め、植栽樹種の選定にあたっては、もともと「神社の森は郷土の樹木で構成される」との考えに基づいて、付近の自然林を参考にして決められ、とくに橿原の地名にちなんでアラカシ、イチイガシ、シラカシを主とし、常緑樹が六割強、落葉広葉樹は一割弱、針葉樹は三割強であったという（『橿原市史』下巻）。

昭和二十九年四月二日、この区域のうち約三万坪を画して、「橿原森林植物園」を設置、開園式が行われた。学制発布八十年を記念してのもので、樹種約五百種。同年九月三日には、釈迢空（折口信夫。国文学・民俗学者、歌人）が紀元二千六百年の秋に、畝傍山の鳥の声を詠んだ歌

うねびやま《（畝傍山）》かし《（白檮）》の尾の上《（へ）》に居るとり《（鳥）》の
　なき《（鳴）》すむ《（澄）》き《（聴）》けばとほ代《（遠代）》なるらし

を、高階宮司によって生駒石に彫り込まれた歌碑も建立されているが、その畝傍山を近くに望む

ことができる。

昭和三十二年十月二十日には、昭和二十八年十二月にドイツ・ハーゲンベック動物園から来朝し皇居外苑で放飼されていた白鳥（コブハクチョウ）のつがいが宮内庁より東宮御所と橿原神宮に寄贈され到着、深田池で放飼された。昭和四十四年十一月十四日、浩宮徳仁親王殿下御参拝の折に、深田池畔で白鳥をご覧になられている。

昭和三十六年の春以来、近畿日本鉄道の協力のもと、外苑を一般の利用に供するための整備が行われ、森林植物園に隣接する地域に芝生運動場を整備、野外ステージ、休憩所などの施設を設けて、昭和三十六年九月二十八日、第一期工事の竣工式を挙行し開苑した。開苑翌月の団体入苑だけでも、七五団体・三二、三四〇名に及んでおり、憩いの場となって今日に至っている。

飛地境内の処分(8)

近畿日本鉄道南大阪線によって遮断されている飛地境内（公簿面積一一、七五一坪）の処分に関しては、まず昭和三十二年から三十三年にかけて、立木を伐採して二回にわたってこれを売却、翌三十四年七月六日の総代会にて近畿日本鉄道株式会社に買収方を交渉することに決定、同年十二月二十四日に神社本庁の承認も受けた。

しかしながら住宅地とするには狭小であったので交渉はなかなかまとまらない中、昭和三十七年末に学校建設を計画する学校法人江口学園が学校用地につき近畿日本鉄道と会談、飛地境内の件が話題に上がり、翌三十八年三月、江口学園より神宮に申し入れ、四月二十七日の総代会にて売却を決定。土地処分広告などを経て、十月十五日に売買契約を締結した。

なおこの土地売却をめぐっては、江口学園理事長が橿原神宮責任役員であったことから、「橿原神宮を護る会」（昭和三十八年三月結成）は、神宮が特別の便宜をはかったのではないかとし、神宮総代全員に相談せず売却を決めたのは宮司の任務に背くものであると主張して、昭和三十八年八月、高階研一宮司を背任罪で奈良地方検察庁に告発する事件に及んだ（橿原神宮庁「橿原神宮飛地境内の沿革並びに処分の顚末」）。

告発人の主張によれば、昭和二十九年に高階成章権宮司の私行問題があって謹慎するも、「昭和三十二年三月、橿原神宮を一族の掌中に握るべく、世の非難をはゞかり転出せしめていた高階成章を権宮司に呼戻す工作をなし」たことなど「被疑者高階研一の多年の横暴」を告発の動機としており（告発人「背任罪の告発」）、土地売却問題をきっかけに告発に至ったもので、宮司父子退陣を関係各所に訴えて、騒動となった。

高階宮司は、公告手続きが遅延したものの「故意に広告を怠ったものでな」く所定の手続きをとっており、「本来の境内地と完全に遮断され……丘陵と湿地との交錯した地帯で、篠藪のため足の踏入れも容易でなく……管理上の負担のみ徒らに大」であるので、「この土地を境内地より除外し、積極的に国民経済に役立たせる方向において活用の途を講ずると共に……神宮の財政的基礎の強化を図ることの至当なるを信じ、昭和三十三年以来、この方針の下に処置して参りました」と主張（高階研一「上申書」）。高階成章権宮司が辞任を申し出たことによって解決をみたが、昭和三十九年八月十六日開催の奈良県神道青年会結成大会では「戦後の混乱期から現在の神宮の姿にもりあげたのは、高階権宮司であった」と権宮司に同情的な声もあったようである（「橿原神宮のお家騒動」）。

建国記念の日の制定(9)

二月十一日を建国記念の日として新設する国民の祝日に関する法律の一部改正案は、昭和三十二年以来廃案を繰り返してきたが、昭和四十一年六月二十五日、自民・社会・民社三党の共同修正案が可決され、ついに「建国記念の日」を設置することが決まった。

さらに、「建国記念日審議会」の答申を受けて、十二月九日、建国記念の日を二月十一日とすることが政令でもって公布された。

そしていよいよ迎えた昭和四十二年二月十一日。この記念すべき日について、「社務日誌」には次のように記録されている。

社務日誌

昭和四十二年二月十一日　土曜　　天気　晴
一、午前七時　　日供の儀　伊勢権禰宜　菅沼権禰宜
一、午前十一時　紀元祭　　宮司以下奉仕
　　勅使高倉永輝掌典　掌典補藤井昭　出仕永田忠典
　参向　幣帛奉奠　祭文奏上　玉串奉奠
一、午後三時　　夕神饌　　江角権禰宜　河村権禰宜
参列者参千五百名
　玉串奉奠者
一、神社本庁統理佐佐木行忠　二、奈良県知事奥田良三　三、明治神宮代表伊達巽　四、橿原神宮崇敬者代表早川徳次　五、奉賛者代表古川丈吉　六、国会議員代表奥野誠亮　七、紀元節奉祝団体代表木村篤太郎　八、全国神社総代会々長佐藤尚武　九、参列者代表県議会議長茨木基則氏
一、参拝者約二十万人　祭典中　尺八　都山流宗家百名　君ヶ代
近鉄百貨店吹奏楽団二〇名伴奏にて参列者紀元奉頌の歌斉唱　祭典後　吹奏楽団の先導にて式典会場体育館に案内　受付にて直会券引換にて入場
一、午后一時開式　　二、君が代奉唱　　三、式辞（イ、神社本庁統理　ロ、奥田奈良県知事　ハ、

宮司）　四、祝辞（イ、佐藤尚武　ロ、木村篤太郎）　五、舞楽（伊勢神宮伶人奉仕）　六、舞踊（山村流宗家山村若永中）　七、祝宴　八、万歳三唱　九、閉式（午后二時四十五分終了）

主なる団体参拝

一、国士舘大学十九名、久保田鉄工所六〇名、京都同志会代表四名、大阪尾崎信用金庫青山瑞穂外一三〇名、間組百名（祈願）、大阪郷友会及大阪軍恩会一、五〇〇名、山滝郷友会四五名、京都神社庁青年会四〇〇名

一、午后二時本市奉祝行事大和時代行列到着　橿原市婦人会　建国おどり、民謡踊、詩吟、銃剣道大会、剣舞等奉納

一、式典終了後橿原観光ホテルにて宮司以下十名直会

一、朝日テレビ、毎日テレビ、読売テレビ三社、全国ネットにて放送せらる

境内では民謡、武道などの奉納大会や自衛隊音楽隊の演奏もあって約三十二万の参拝者で賑わい、午後県立体育館で催された祝賀会には約二千名が出席。さらに、市の紀元節奉祝会主催による〝大和時代行列〟が好川市長はじめ青年、婦人など二千五百名によって行われ、自衛隊音楽隊や小中学校鼓笛隊と共に行進、また全国各地から参集の各種団体約四千五百名が日の丸行進するなど、建国記念の日を祝う人々で賑わい、日本国民の悲願が達成されたこの日を慶ぶ声があふれた。

参考文献

（1）「昴る〝紀元節復活〟の要望　本庁も具体案練る」（『神社新報』昭和二十六年十二月三日付）、「紀元節復活への要望昂る」（『神社新報』昭和三十一年二月四日付）。

（2）「社務日誌」、「自昭和二十三年　秋季大祭関係綴」（新 - 25）、「自昭和二十六年至昭和三十一年　例祭ニ関スル書類綴」（祭1 - 32）、『橿原だより』号外（昭和二十八年二月）、『神社新報』昭和二十八年二月二十三日付。

（3）「社務日誌」、『橿原だより』号外（昭和二十八年二月）、『神社新報』昭和二十八年三月九日付、十一月十六日付。

（4）「社務日誌」、「御本殿盗難被害一件書類」（総 - 1、昭和二十八年三月十五日作成）、法務総合研究所『犯罪白書』昭和三十五年版・昭和五十年版・昭和五十一年版（以上、法務省ホームページに掲載）。

（5）「社務日誌」、「昭和三十七年御神火行進書類」（新1 - 44）、『神社新報』昭和二十九年二月二十二日付、昭和三十四年二月七日付、昭和三十六年一月二十一日付、「紀元節復活への要望昂る」（『神社新報』昭和三十一年二月四日付）、『橿原だより』号外（昭和三十一年二月）、「建国記念の日二月十一日に決定　編輯室から見た紀元節復活運動の足跡」（『神社新報』昭和四十一年十二月十七日付）、田中卓「「建国記念の日」をめぐる論争」（『田中卓評論集4　祖国再建　下』青々企画、平成十八年十二月）。

（6）「社頭だより」（『かしはら』八、昭和三十五年七月）、「橿原だより」（橿原神宮公式ホームページ）。

（7）「社務日誌」、「白鳥の由来」（『かしはら』七、昭和三十三年一月）、「橿原森林遊苑」（『かしはら』一三、昭和三十七年二月）、堀内民一「釈迢空と橿原」（『かしはら』三一、昭和四十三年三月）、菅沼孝之・辰巳博史「橿原

神宮の森」（『橿原市史』下巻、橿原市役所、昭和六十二年三月）、山田正「高階研一」（『季刊悠久』三〇、昭和六十二年七月）、松木貞雄「日本の文学碑」（http://www.yin.or.jp/user/sakaguch/bungaku.html）。
（8）「背任罪の告発」（告発人名義、昭和三十八年八月二十六日付）、「上申書」（高階研一名義、奈良地方検察庁検事正宛、昭和三十八年九月十四日付）、「橿原神宮飛地境内の沿革並びに処分の顛末」（橿原神宮庁名義、昭和三十九年一月付）。「橿原神宮のお家騒動」（橿原神宮庁所蔵の新聞切抜、掲載紙不明、昭和三十九年九月一日付）他。
（9）「社務日誌」、『神社新報』昭和四十二年二月二十五日付。

第四章　建国記念の日制定以後

第一節　御鎮座百年まで

文華殿の竣工（昭和四十二年十月）(1)

文華殿（旧織田屋形）は、移築工事中の昭和四十年一月十三日に奈良県指定文化財、工事完了後の昭和四十二年六月十五日に重要文化財に指定され、同年十月十日、竣工式が執り行われた。旧織田屋形は、もと天理市柳本町にあった柳本藩織田家屋敷の表向御殿。柳本藩は、織田信長の弟有楽斎長益が大和に封ぜられ、その五男尚長に柳本を分け与え、柳本藩一万石の藩祖となった。その翌年元和二年（一六一六）に創建された御殿が文政十三年（一八三〇）十一月に全焼し、天保七年（一八三六）から八年をかけて旧位置に再建。天保十五年（一八四四）三月に竣工した藩邸の主要部分が現存するものである。

写真１　旧柳本藩表向御殿及玄関（移築前）

明治の廃藩置県後に邸内の建物が逐次撤去されたが、玄関及び大書院の主要部分が残されて柳本村民に払い下げられ、明治十年四月に柳本小学校がここに移転、校舎として使用されてきた。小学校校舎の改築計画にともなって撤去されることとなったが、昭和三十九年十一月、地元から復原保存を条件として橿原神宮に奉納されることと決まった。

移転にあたり神宮内に橿原神宮文華殿建設委員会が設置され、文化財としての配慮から奈良県教育委員会文化財保存課職員も建設委員会に加わって工事の設計監督を担った。総工費一七一八万円、昭和四十年六月一日より解体工事に着手、建物を全部解体して七月三十日に解体および神宮境内への運搬を終了。移転先である境内では七月十日に地鎮祭を執り行い、運搬した

写真2　解体工事中の旧柳本藩表向御殿及玄関

写真3　移築された文華殿（昭和42年重要文化財）

全部材の復原組立を行って、昭和四十二年三月三十一日に工事完了、多少の追加工事や庭園整備を経て、同年十月十日、竣工式を迎えた。竣工奉告祭は関係者多数参列のもと神楽殿で執行、続いて祝賀式典が貴賓館前庭にて盛大に行われた。協賛行事として、明治維新百年記念遺墨展、淡交会奈良支部、石州流による茶会や各流派家元代表の生花展も十日から六日間、文華殿・貴賓館で行われている。

建物は、大書院とそれに接続する玄関よりなる。平面積は大書院が二六九・七二一平米、玄関が一八八・二二一平米。大書院は平屋で入母屋造。上段の間（七畳半）・中段の間（十畳）・下段一の間（十五畳）・下段二の間（九畳）・下段三の間（十二畳）・勤の間（九畳）・広縁（ひろふち、入り側・ひさし）・廊下などより成る。上段・中段の正面欄間には丸彫りの極彩色の彫物、上段は折上小組格天井となる豪華なものである。屋根は桟瓦葺、正面（南側）に千鳥破風本瓦葺。玄関は、正面に式台をつくり、中央に玄関の間（二十畳）、左を使者の間（十二畳）として大書院の広縁に続き、右に内玄関の間（八畳）と次の間（六畳）を設ける。屋根は桟瓦葺、一部本瓦葺。

校舎として長らく使用されていたため一部改造や間仕切が行われていたが、主要部分は当初の形態をよく保存している。移築復原に際して、大書院の下段一の間・二の間・三の間の床が入側の床と同じ高さに低められていたのを柱に残る痕跡から旧状に復するなどもされている。

文華殿は文化事業等に利用される他、特別公開も行われている。庭園は昭和四十八年に庭園史研究家・森藴が神武天皇東遷をイメージして作庭。平成二十八年の神武天皇二千六百年大祭にあわせて、平成二十七年夏にはその弟子牧岡一生によって当時のままに完全復元された。また、文華殿は織田有楽斎に由来することから、移築を記念して昭和四十二年以来毎年、五月五日には茶道・有楽流による献茶祭が執り行われている。

佐伯芳彦宮司（**昭和四十三年二月～四十五年六月**）(2)

昭和四十二年十月四日、高階研一宮司が帰幽。昭和四十三年二月七日、前北海道神宮宮司の佐伯芳彦が橿原神宮宮司に任じられた。

佐伯芳彦は、明治二十八年十一月五日、山口県に生まれた。生家は防府天満宮の社家である。大正五年六月皇典講究所神職養成部教習科卒業。同年九月郷里八幡社社司に就任したが、再び上京し、日本大学高等師範部に入学、十三年三月同大卒業後、内務省神社局に勤務した。昭和六年六月神宮権禰宜、八年七月三十七歳で官幣中社赤間宮宮司、翌九年十二月山口県別格官幣社豊栄神社兼野田神社宮司、十三年四月官幣大社三島神社宮司、二十一年二月官幣大社霧島神宮宮司、二十七年六月函館八幡宮兼潮見丘神社宮司を歴任し、三十一年四月北海道神社庁長、三十二年五月三十一日札幌神社宮司に就任した。札幌神社には四十三年二月七日まで足かけ十二年在任した。

札幌神社は、佐伯宮司在任時代の昭和三十九年、明治天皇を御増祀申し上げ、北海道神宮と改称されている。御増祀御改称の要望は、はやく昭和十一年、橿原神宮から転任した高松四郎宮司の「明治天皇御増祀願」（神宮昇格）として内務省に提出されていたが、諸般の事情で中断となっていた。しかし、戦後我国の独立の気運の中で札幌神社総代会を中心に再び要望が高まり、二十九年には「祭神増加並神宮号に御改称の件」が神社本庁に申請され、三十年には明治記念館において、宮内庁掌典職、神社本庁、明治神宮、町村金五代議士、北海道神社庁、札幌神社が会合協議し、明治天皇の御増祀と北海道神宮への改称の方針が確認され、それに相応しい社殿造営のための奉賛会も設立された。佐伯は、こうした懸案事項の最中に着任した。

御改称に関して『北海道神宮史』を参照に、その流れを記すと、昭和三十七年三月八日、佐伯宮司から神社本庁統理宛「札幌神社に明治天皇を御増祀し北海道神宮と御改称方申請の件」が提出され、八月二十一日、統理より上奏御取り計らい方、宮内庁へ願い出て、三十八年六月六日、上聞に達せられた。この記録については、平成二十七年に公表された『昭和天皇実録』昭和三十八年六月六日の項目にも以下の記載がある。

昨年八月二十日、札幌神社に明治天皇を増祀し、社名を北海道神宮と改称する件につき神社本庁佐佐木行忠より申し出があり、この日、これを御了承になる。○上奏モノ控簿、神宮及神社諸件

これにより、法人としての手続きが進められ、三十九年八月十八日、神社本庁統理によって承

認、宿願の達成となった。尚、北海道神宮では、九月二十六日、明治天皇御霊代奉戴祭が斎行、十月五日には、明治天皇御増祀鎮座祭が行われた。更に翌六日には、御祭神第九皇女東久邇聰子様御参列のもと、勅使高倉永輝掌典が天皇陛下よりの幣帛を奉り御祭文を奏上、明治天皇御増祀鎮座奉祝祭が厳粛且つ盛大に斎行された。

そして昭和四十三年二月七日、佐伯は前年十月四日に帰幽した橿原神宮宮司高階研一（高階も大正十三年から昭和二年まで札幌神社宮司だった）の後を襲って橿原神宮宮司に就任、奈良県神社庁長も務めた。四十五年四月二日には橿原神宮御鎮座八十年大祭、翌三日、同奉祝大祭を約五百名の参列のもと奉仕したが、同年六月十四日急逝。尚、宮司在任期間は二年半足らずであったため、生前の功績の多くは、北海道神宮にあると言えよう。

かつて橿原神宮宮司として奉仕した高松四郎は、境域拡張事業の途半ばにして札幌神社に転任となり、これは「左遷」ではないかと慨嘆し、同社宮司時代に明治天皇御増祀神宮昇格を発願した。そして半世紀を経た佐伯の時に遂に明治天皇御増祀と北海道神宮御改称の宿願が達成され、橿原神宮に栄転したということに深い繫がりを感ずる。それにしても急逝は心残りではなかったかと思われる。

写真４　浩宮徳仁親王殿下（今上陛下）御参拝（昭和 44 年 11 月 14 日）

浩宮殿下御参拝（昭和四十四年十一月）(3)

浩宮徳仁親王殿下におかれては、学習院初等科四年生在校中の昭和四十四年十一月近畿地方を御旅行、十二日、初めて伊勢神宮に御参拝、翌十三日には春日大社、十四日には橿原神宮にも参拝遊ばされた。

橿原神宮境内両側には崇敬者総代、同宮婦人会、金鵄会幼稚園児や崇敬者約二千人が日の丸の小旗を打ち振って歓迎、午前十時四十五分、南神門にご到着になられ、長尾権宮司の先導で修祓をうけられた後、佐伯宮司の先導で幣殿階下に参進、御拝礼。その後深田池畔にて白鳥を御覧になられた。

御鎮座八十年記念大祭（**昭和四十五年四月**）(4)

昭和四十五年四月二日には午前十時から御鎮座八十年記念大祭を斎行。翌三日は、神武天皇祭にあわせて奉祝大祭が約五百名の参列のもと盛大に執り行われた。

神武天皇祭ならびに奉祝祭は午前十一時から行われ、正午からは金春流舞囃子奉納、一時から国栖舞奉納、一時三十分から伝書鳩放鳥や風船上げ奉納。神賑行事として自衛隊伊丹駐屯音楽隊による奉祝演奏や橿原市民謡踊りなど、多数の参拝者で賑わった。

長尾薫宮司（**昭和四十六年七月〜五十七年二月**）(5)

昭和四十五年六月十四日、佐伯芳彦宮司が帰幽。同年長尾薫権宮司が七月十三日付で宮司代務者、翌四十六年七月二十六日に宮司に任じられた。

長尾薫は、明治三十七年十月二十八日、岡山県勝田郡奈義町大字関本に生まれる。大正十二年皇典講究所國學院大學教習科を卒業して官幣大社橿原神宮に奉職、長尾宮司の神職歴の振り出しは橿原神宮であり、当時の宮司は菟田茂丸であった。十五年橿原神宮主典となり、昭和二年国幣中社浅間神社主典、四年官幣大社枚岡神社主典を経て七年より神宮に奉仕し宮掌、権禰宜となる。十二年菟田茂丸宮司の下、再び官幣大社橿原神宮に戻り禰宜、十七年には権宮司となった。その後、国幣小社劔神社宮司（三十八歳）を経て、官幣中社御上神社宮司となり終戦を迎えた。この間、大日本神祇会評議員に就任している。

戦後は、神社本庁設立に伴い、昭和二十一年七月付にて御上神社宮司を拝命した。当時、御上神社では、従前より氏子崇敬者とともに神社と信仰的関わりの深い御上山（通称近江富士）の境内地編入の請願を国に対し行っていたが、終戦直前境内地に編入が認められた。しかし、終戦の混乱で手続きが進まず、戦後の国有地払下げに際して、二十七年一月、境内地として確定した。長尾は念願であった御上山の境内地化を祝し、同年三月二十四日「御上神社境内地譲渡奉告祭」を斎行し、氏子と共に喜びを分かち合った。その後、長尾の事務手腕を乞われ、三十四年より兼ねて滋賀県神社庁参事となり、神社庁の庁務に尽力した。

また昭和三十九年には、高階研一の求めにより、三度目の奉仕となる橿原神宮に復帰、戦前と同様に権宮司職に就任する。四十二年高階宮司逝去の後、北海道神宮から佐伯芳彦宮司を迎えた。四十五年七月、佐伯宮司急逝のあとをうけて宮司代務者となり、四十六年七月二十六日第十四代橿原神宮宮司に就任した。尚、奈良県神社庁長には、四十六年四月一日より就任した。

昭和四十九年、長尾は来たる五十五年に迎える御鎮座九十年に向けて本殿以下御屋根葺替事業に着手し、四ヵ年の歳月を費やして完工。本殿の御屋根葺替は、紀元二千六百年を目前に控えた昭和十二年以来四十年ぶりのことであった。尚、本殿遷座に関わる祭典は、次の通り斎行された。

昭和五十一年十一月　十日　仮殿遷座祭（幣殿を仮殿に充てる）

同　五十二年十一月　十日　勅使参向本殿遷座祭
同　　　　十一月十一日　勅使参向奉幣祭
同　　　　十一月十二日　奉祝祭

そして、昭和五十五年四月二日、高松宮同妃両殿下御台臨の下、御鎮座九十年記念大祭を斎行。引続き竣工なった橿原神宮会館に於いて、両殿下の御臨席を仰ぎ御鎮座九十年式典を挙行、高松宮殿下より御言葉を賜わった。尚、御鎮座九十年にあたり、とくに伊勢の神宮に依頼し、御祭神に縁も深き久米舞が、神宮楽部によって祭典中に奏された。そして御鎮座九十年記念事業として橿原神宮会館（研修会館）の建設を実現した（同五十五年三月竣工）。広い境内に散在する諸施設を整理統合して御神徳宣揚の場を設けることは、戦後以来の宿願であった。さらに、歴代宮司が所期した修史事業を実現するため、「紀元二千六百年」大造営当時の菟田茂丸宮司の令息菟田俊彦に編纂を委嘱し、五十六年から五十七年にかけて『橿原神宮史』全三巻を刊行した。内容は次の通りである。

巻一　橿原神宮創営志（上）明治二十一年より大正十年の志料
巻二　橿原神宮創営志（下）大正十一年より昭和十七年の志料
別巻「神武天皇志編」「紀元二千六百年橿原神宮造営記録」「神武天皇聖蹟ノ調査保存顕彰」

橿原神宮の御創建から「紀元二千六百年」大造営の顚末まで、また御祭神神武天皇景仰の流れや神武天皇畝傍山東北陵治定の経緯などの諸志料が集められている。昭和十六年九月に勅令により編纂された『紀元二千六百年祝典記録』全十三冊のダイジェスト版の役割も果たしている。

またこの間の昭和五十四年、長尾は國學院大學理事に、翌五十五年神社本庁常務理事に就任し、五十七年二月二十一日には、神社本庁長老の敬称を授けられた。その直後の同年二月二十二日、七十七歳で帰幽。

長尾宮司は初任以来、橿原神宮に都合三度に亘り奉仕した。戦前は、大正期に奉職、その後転任を挟み菟田茂丸宮司の誘掖の下にあって「紀元二千六百年」の諸事業に奔走し、戦後は一旦転出し、滋賀県の神社界で活躍していた。そして橿原神宮に再任し、神社界の重鎮高階宮司の下にあって橿原神宮の経営に腐心することになる。

戦後貧困に陥った神社経済も、独立を境に参拝者崇敬者の増加によって次第に回復し、昭和四十一年には紀元節が復活した頃を境に、経済の高度成長と相俟って飛躍的に向上していった。長尾宮司の下、丁度そのような時期に御鎮座九十年を迎え、橿原神宮の基盤はより確固としたものになった。囲碁に親しみ、明治生まれの威厳のある神主であった。

儀式殿の竣工（昭和五十年三月）(6)

第六十回神宮式年遷宮の撤却古材（皇大神宮（内宮）旧四丈殿の全部）の譲渡を受けて、昭和四十

写真５　儀式殿　皇大神宮（内宮）の四丈殿を移築

九年十月十四日に地鎮祭を斎行、翌五十年三月に竣工した。四丈殿の譲渡は御祭神の縁故によるもので、橿原神宮では儀式殿として、諸祈禱や結婚式等に使用している。

本殿遷座祭（昭和五十二年十一月）[7]

昭和十五年の紀元二千六百年記念の拡張造営以来、三十年余りを経過し、御屋根の損傷などが目立つようになってきたため、昭和四十九年より四ヵ年計画にて、本殿以下諸社殿の御屋根葺替えを行うこととなった。

本殿は、もと京都御所の内侍所で、春興殿ともよばれ、宝鏡を奉安するところであり、中世以降は賢所がここにまつられていた。嘉永七年（一八五四）の焼失により翌安政二年に再建されたものであるが、焼失前の寛政期造営と同じ形

写真6　本殿　明治35年7月31日、特別保護建造物に指定（昭和25年、重要文化財と改称）

式で再建されている。寛政期の造営も、紫宸殿や清涼殿は考証に基づき古式に復している が、内侍所は室町時代以降の間取りで建立されている。平面積一五一・八〇〇平米、内部は二室にわけられ、もと入母屋造・妻入りであったものを平入に置き換え、天井は格天井、四方に縁と高欄を廻らす。柱は丸柱、丈の高い建物で、軒は二軒、妻飾りは扠首組とし、簡素ながら高雅な宮殿建築の遺構である。

明治二十三年の神宮創建に際して、明治天皇より京都御所の内侍所と神嘉殿を賜わり、内侍所を本殿、神嘉殿を拝殿（のち御饌殿、神楽殿）とし移築した。明治三十五年七月三十一日に本殿が特別保護建造物に指定（昭和二十五年に重要文化財と改称。拝殿は明治三十七年二月十八日指定）、明治三十六年には修理が施され、紀元二千六百年奉祝に先立ち昭和十二年に御屋根葺替えおよび部分修理が行われていた。この本殿をはじめとして、昭和三十九年に御屋根葺替えを行っていた神楽殿（御饌殿）を除き、多くの御社殿の御屋根葺替えが行われることとなった。本殿、神楽殿を除く諸社殿の多くは、紀元二千六百年を記念して拡張造営されたものである。

計画に先立つ昭和四十七年には貴賓館の御屋根葺替え、四十八年には参集殿（建坪約二百平米）の新築が行われていたが、昭和四十九年度には祝詞舎の屋根葺替え（檜皮葺）、外院南北廻廊および神饌所屋根葺替え（銅板葺）、五十年度には内院南北廻廊および神饌弁備所の屋根葺替え（銅板葺）、五十一年度には幣殿（檜皮葺）、外拝殿（銅板葺）、土間殿（銅板葺）の屋根葺替えを完了。五十二年度事業として、内拝殿、南神門、北神門（以上、檜皮葺）、北手水舎（銅板葺）の屋根葺替え、神符守札授与所の新築（総檜造り）、表参道神橋石橋改装、神楽殿・土間殿の玉垣新築など。本殿は、昭和五十一年十一月十日に仮殿遷座祭を執り行って御神霊を仮殿（幣殿）にお遷しし、同年度に仮設工事と屋根檜皮葺軒付工事を終え、翌五十二年度に屋根檜皮葺平葺き、壁上塗替工事、雑工事など、十月三十日に全工事を完了。

今回の事業の屋根葺替えの総面積は三千余坪（約八千九百平米）におよび、総工費は二億九千六百七十七万円。このうち本殿の工事は重要文化財の指定を受けており、一部国庫補助を受けているが、費用のすべては崇敬者の浄財によってまかなわれた。募財から一年もたたずに目標額を達成、石油ショックによる不況にあっても、全国の崇敬者の方々におかれては、この大事業の趣旨を諒せられ、絶大なる奉賛の御厚志にあずかった。

昭和五十二年十一月十日、勅使正親町公秀掌典参向のもと勅祭により、三百名が参列して、午後七時から遷座祭が厳かに執り行われた。翌十一日には畏きあたりより幣帛ならびに神饌料を賜わって奉幣の儀。前日の参列者に特別奉賛者を加えた三百五十名が参列した。十二日には、全国の奉賛者を迎えて奉祝祭が盛大に行われた。裏千家井口海仙宗匠奉仕による献茶祭、外拝殿前の特設舞台で奉祝舞楽も奉納され、午後からは橿原民踊友の会による奉祝民謡大会も賑やかに繰り広げられた。

国栖奏が奈良県無形文化財に指定（昭和五十三年三月）(8)

国栖奏は、大嘗祭や諸節会に国栖人が参賀し、御贄を献じて歌笛を奏する儀。現在は奈良県吉野郡吉見町の浄見原神社と橿原神宮でのみ奉納されているが、昭和五十三年三月には、奈良県無形文化財に指定された。

国栖は、大和の吉野川上流の地方にいた部族で、神武天皇東遷のとき登場し、石押分（磐排《いわおし》別《わく》）の子孫といわれる。また応神天皇が吉野の宮に行幸された際に参朝し、醴酒《こさけ》（一夜酒）を献じて、歌を詠んだことが伝えられている。『延喜式』には、践祚大嘗祭に吉野の国栖十二人その

写真７　国栖奏

他で古風を奏することがみえている。

橿原神宮会館の竣工（**昭和五十五年**）(9)

橿原神宮会館は、鉄骨鉄筋コンクリート造、建坪一、七七八平米。約五百人収容の大広間と貴賓室・和室などからなる。橿原神宮の参拝者も年々増加し、年間の諸祭典の参列あるいは参加する崇敬者の数も増えている。橿原神宮婦人会はじめ諸会合も行われ、崇敬団体・一般団体・会社・自治体等の研修・講演・結成集会の希望も多くなってきていた。これらは御祭神の神徳宣揚・教化事業の一つでもあるので、各祭典・行事の参列・参加者の休憩・直会・講演・講習会場として、御鎮座九十年記念事業にて建設が行われたものである。

御鎮座九十年大祭（**昭和五十五年四月**）(10)

御鎮座九十年大祭は、昭和五十五年四月二日、高松宮宣仁親王・同喜久子妃両殿下の御参列を賜わり、厳粛に行われた。参列者はおよそ四百名、長尾宮司が祝詞奏上の後、神楽・扇舞、伊勢神宮楽師による久米舞の奉奏に続いて、高松宮同妃両殿下が玉串を奉り拝礼された。

午後には、御鎮座九十年記念事業として竣工した橿原神宮会館にて記念式典が挙行された。式典では高松宮殿下より、「明治天皇の聖慮を体して建国創業の御聖徳を偲ぶとともに、神宮護持に今後とも力を致すことを望む」との御言葉を賜わった。また、翌三日は神武天皇祭、境内では民踊大会、少年剣道大会、植木市などが開かれ、八万人の参拝者で賑わった。

写真８　橿原神宮会館

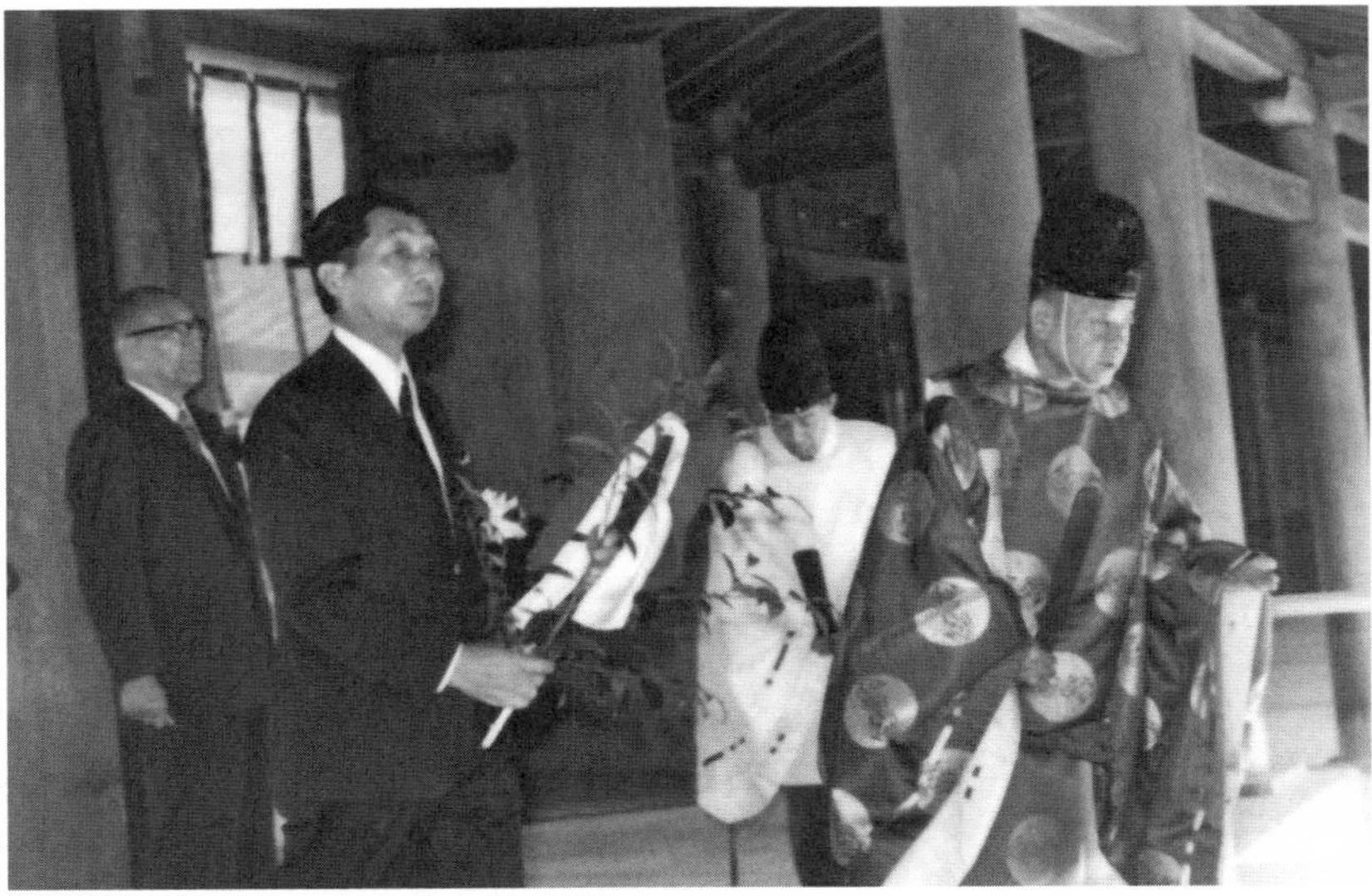

写真９　高松宮殿下御参拝（昭和 50 年代）

『橿原神宮史』全三冊の出版（昭和五十六年九月〜昭和五十七年九月）

御鎮座九十年記念事業として、『橿原神宮史』の出版が行われた。
神宮の御創営ならびに沿革を一書にまとめることは、歴代宮司の意図するところであったが、創祀以来の継続する境域拡張事業の繁忙と戦時事情のため、遂に実現をみるに至っていなかった。この機に、菟田茂丸宮司の令息菟田俊彦に編集を委嘱して全三冊としてまとめられた。

巻一　橿原神宮創営志（上）明治二十一年〜大正十年の志料
　B5判、九三八頁・図版四頁、昭和五十六年九月刊
巻二　橿原神宮創営志（下）大正十一年〜昭和十七年の志料
　B5判、九八八頁・図版二四頁、昭和五十六年十二月刊
別巻　「神武天皇志編」「神武天皇聖蹟ノ調査保存顕彰・神武天皇聖蹟及御関係遺蹟一覧・神武天皇を奉祀せる神社」「紀元二千六百年橿原神宮造営記録」「附録」
　B5判、八六四頁・図版一六頁、昭和五十七年九月刊

「橿原神宮創営志」は、橿原神宮御創営に関するもの、紀元二千六百年祝典事業に関するもの、橿原神宮庁所蔵のもの、等といった諸史料から、総括的に載録記事の取捨選択を行って編年順に配列してあり、「神武天皇志編」では神武天皇景仰を歴史的に跡付ける諸史料が収められている。

山田正宮司（昭和五十七年五月〜平成九年六月）(11)

昭和五十七年二月二十二日、長尾薫宮司が帰幽され、五月二十六日付で山田正権宮司が宮司に任じられた。

山田正は、大正八年七月二十五日大阪府（本籍京都市）に生まれた。昭和十七年國學院大學国史学科を卒業して神職の道に志し、十八年官幣大社石清水八幡宮を振り出しに、官幣大社平野神社、官幣大社白峰神宮に奉仕し、十九年召集により広島の陸軍暁部隊に勤務した。戦後は、伏見稲荷大社、賀茂御祖神社、橿原神宮の禰宜を歴任、四十三年湊川神社権宮司、四十七年橿原神宮権宮司となり、五十七年五月二十六日、前任長尾薫宮司帰幽の後をうけて、六十二歳で橿原神宮第十五代宮司に就任した。また五十八年には奈良県神社庁長に選任された。

橿原神宮では山田宮司の下、昭和五十七年から御鎮座百年（平成二年）までの八ヵ月を一区切りとした森林の持続的な調査と育成に着手した。昭和十五年「紀元二千六百年」奉祝事業によって創出された先人の貴重な遺産である橿原神宮の森を見直して、より荘厳な林苑を目指すというものであった。

御代が代わり、平成元年三月、御鎮座百年に先立ち、本殿御調度造替のため臨時遷御の儀を斎行、三月二十日、仮殿遷御の儀、翌二十一日、本殿遷御の儀を斎行し、翌二年、明治二十三年四月二日御鎮座から百年を迎えた。当日は、天皇陛下より御幣帛料が御神前に供えられ、常陸宮同妃両殿下の御台臨のもと、御鎮座百年記念大祭が盛大に斎行された。更に両殿下におかせられては、引続き開催された奉祝式典並びに直会にも御臨席、お言葉を賜る栄に浴した。また御鎮座百年の慶祝に併せ、「橿原神宮百年記念祭奉祝会」並びに実行委員会が組織され、境内及びその周辺一帯で、四月一日から八日までの八日間、各祭典神賑行事・奉祝行事が盛大に繰り広げられた。記念大祭の翌日、三日には、神武天皇祭幷御鎮座百年奉祝祭（是先畝傍山東北陵遥拝）を斎行、引続き同日、奉祝式典を挙行。四日以降八日迄は奉祝祭・献茶祭・献花祭が斎行された。この期間、橿原神宮の参拝者は予想以上で百万人にも及んだ。まさに企画力に富んだ山田の本領が発揮された。

尚、権宮司時代の御鎮座九十年に際しては、御祭神神武天皇に縁深い「久米舞」が伊勢の神宮楽師によって神前に奉奏され、この御鎮座百年には平安雅楽会により奏された。山田は、是非とも御祭神に縁の深い「久米舞」を職員自身によって神前に捧げたいと、職員と相計り、この直後から宮内庁楽部の指導の下、猛練習を積み重ねた。そして半年後、新帝の大嘗祭にあたり、大嘗祭当日祭を当宮でも斎行、この折から在職の神職により奉納されることになった。今も、この舞は継承されている。

こうして御鎮座百年を契機に、神社としての活動も順調に推移してきたが、平成五年二月四日、創建以来の厳しい事件が起きた。それは神楽殿の火災である。この建物は、安政二年（一八五五）

京都御所に建てられた神嘉殿を、明治二十三年の橿原神宮創建時に、明治天皇の思召しによって移築された由緒ある建築であり、当時、国の重要文化財に指定されていた。この火災を知られた陛下からもお見舞いがあり、山田は、不慮の事故とはいえ宮司として責任の重さを痛感、神前に額ずき、自らの不徳を謝罪し、神慮をうかがう日々が続いた。そして寸分違わぬ再興を決意し、晩年をこの復元工事に捧げた。そして火災から一年四ヵ月後の六年六月起工祭、七年四月上棟祭を経て、八年六月五日、崇敬者など千八百名参列のもと念願であった「橿原神宮神楽殿完成奉告祭」を斎行、奉仕することが出来た。尚、奉告祭は三日間斎行し、復興に協力した崇敬者延べ三千名近くの参列があった。

神楽殿の再興が成し遂げられた翌平成九年六月三十日を以て宮司を退任。京都伏見稲荷大社ほとりの住居で余生を過ごした。平成十四年二月二十二日帰幽。八十二歳であった。

菊花展の開催（昭和六十年十月～）(12)

昭和六十年十月二十日から一ヵ月間、外拝殿前の広庭に県内の菊花愛好者が育て上げた菊を展示する、橿原市菊花愛好会主催による菊花展が初めて開催。十月二十日十時三十分から開会式が行われた。以後毎年開かれている。

なお、橿原神宮への菊花の奉献はこれ以前にもなされており、昭和二十九年十一月一日に菊花奉献奉告祭を斎行し同日から二十五日まで菊花奉献会による奉献菊花展、同月二十三日に菊花褒賞授与式が行われている（「社務日誌」）。これは、昭和三十二年まで確認され（「社務日誌」、「昭和三十二年恒例祭式伺綴」）、その後昭和四十二年頃から昭和五十五年頃まで、献菊とともに十一月三日に神賑行事として菊花パレードも実施されていた（「社務日誌」）。

御鎮座百年記念大祭（平成二年）(13)

平成二年は、紀元二千六百五十年に当たるとともに、橿原神宮御鎮座より百年という記念すべき年でもある。これにあわせて、神宮では昭和六十三年度より記念事業の検討を開始した。平成元年三月二十日には奉祝会を結成。奉祝会は、会長に上山善紀（近畿日本鉄道株式会社会長）を選任、副会長は阪本龍児南都銀行頭取・奥村俊夫奥村組社長・田中誠二奈良交通会長に委嘱され、近畿地方の財界人等が参加している。同年五月十五日には、奉祝会の下に、実行委員会（会長・阪本龍児南都銀行頭取）も設立された。

実行委員会の設立後は、催し物をはじめ具体的な関係事業の展開は実行委員会事務局を中心とする委員によって推進されることとなるが、委員は橿原市観光協会・橿原市商工会・南都銀行・奈良交通・近鉄観光・近鉄百貨店・近鉄事業局・メディアート・橿原神宮・事務局からなり、まほろば会議と名付けられて、毎週、五月二十四日から翌二年三月二十二日まで四十回にわたり開

写真 10　神宮百年記念祭時の橿原神宮前駅

写真 11　橿原神宮百年記念祭ポスター（平成２年）

催された。

「太陽と国のまほろば」をイメージしたシンボルマークと、「行ったら、見たら、かしはら」のキャッチフレーズも決定し、記念大祭にむけた準備が進められることとなった。

　　橿原神宮百年記念祭趣旨

神武天皇は国内を統一せられ、畝傍山の東南の地を定めて宮居を営み即位の大礼を行われ我が国の基を開かれたが、橿原神宮はこの建国の大業を仰ぎ御威徳を敬慕して、宮居の跡に明治二十三年（紀元二千五百五十年）四月二日に本殿以下の社殿を創建、御鎮座になり今日に至っている。

この間昭和十五年は紀元二千六百年に当り、国を挙げての神域拡張と社殿の造営並に盛大な奉祝行事に、全国津々浦々に至るまで国民一人残らず参加して多彩な行事が開催されたことは、歴史に遺る画期的な事業である。

来る平成二年はそれから五十年つまり紀元二千六百五十年に当たると共に、橿原神宮御鎮座より百年という記念の年を迎える。顧みると戦後の社会の転換期に当たる今日、ここに父祖の伝えた建国の理想を継承し、心豊かな国づくりとその発展を目ざし、奉祝の式典、神賑行事、記念事業等諸事業を展開し推進するものである。

記念大祭は、平成二年四月一日から八日までの八日間、橿原神宮境内およびその周辺一帯を会場に、橿原神宮・同百年記念祭奉祝会・同百年記念祭実行委員会の主催、関西経済連合会・近畿商工会議所連合会・奈良県観光連盟・橿原市観光協会・西日本旅客鉄道株式会社・近畿日本鉄道株式会社・奈良交通株式会社の後援を得て、祭典ならびに神賑および奉祝行事が繰り広げられた。

　御鎮座百年記念大祭は、四月二日、常陸宮正仁親王・同華子妃両殿下ご臨席のもと、厳粛盛大に行われた。崇敬者代表約五千人が参列、天皇陛下よりの幣帛が奉られた後、山田正宮司が祝詞を奏上。つづいて神楽「扇舞」（明治天皇の御製をもとに作舞されたもの）と平安雅楽会による上代歌舞「久米舞」が奉納され、両殿下が玉串を奉りご拝礼になられた。引き続いて行われた奉祝式典では、聖寿の万歳を三唱、参列者全員で紀元奉頌の歌を声高らかに斉唱した。

写真12　百年記念祭で参拝された常陸宮殿下

　御鎮座百年奉祝祭は翌三日から八日まで連日行われ、あわせて、三日には、神武天皇祭を崇敬者三千人の参列のもと斎行、国栖舞・翁舞の奉納もあった。四日には全国からの崇敬者と茶道裏千

写真13　橿原神宮百年記念祭の看板

家家中約二千名が参列して、裏千家家元千宗室宗匠奉仕による献茶祭を、六日には未生流（庵家）佐伯一甫家元による献花祭が社中約五百名の参列のもと、執り行われている。

神賑および奉祝行事も、次のように盛大に行われた。

四月一日　お稚児まいり（表参道周辺）、「ラジオハイク万葉と歴史・畝傍山ウォーク」、プロ野球オープン戦近鉄対阪神（橿原球場）

二日　奉納横綱土俵入り（外拝殿）、「舞楽」南都楽所奉仕（内拝殿前）

三日　奉祝剣道大会（橿原体育館）、橿原神宮百年記念祭大パレード「かしはらビッグマーチ」（神宮外苑）

四日～七日　ゲートボール大会（多目的広場、橿原球場、陸上競技場）

五日　「山城舞楽」京都和楽会奉仕（内拝殿前）

五日～六日　奉祝書道大会（橿原体育館）

写真14　百年記念祭の書道大会

六日　奉納「四條流儀式庖丁道」西野宏奉納（外拝殿前）
七日「高千穂神楽」高千穂神社氏子崇敬者奉納（内拝殿前）
八日　全日本女子弓道大会（中日本の部）（橿原公苑弓道場）、歴史大絵巻「大和時代行列」（神宮外苑）、「森のカーニバル」（森林遊苑）、甲飛・瑞鶴会記念パレード（表参道ほか）
一日～八日　姉妹都市「宮崎・橿原」商工観光物産展（一の鳥居前東駐車場）、抹茶接待（南神門前）、甘酒接待（神橋の広場）、OSK日本歌劇団レビュー（外拝殿前）、郷土芸能・パフォーマンス（外拝殿前）、記念写真コンクール、ワールドバザー

ル（社務所横）、縁日・植木市

このうち、四月八日午後から行われた「大和時代行列」は、三浦太郎橿原市長が神武天皇に扮して、八百人の人々が行進。沿道は二十八万人の人で埋め尽くされた。

橿原神宮会館においては、四月一日から三十日まで、「秘蔵名品展」が開催され、横山大観作「正気放光」、山合雲鳳作「大和桜」、堂本印象作「橿原の図」、東郷平八郎書「忠」「孝」、頭椎の太刀など、未公開の名品を含む約百点が展示された。

平成元年九月に完成した記念映画「日本のあけぼの　神武天皇」（三〇分）は、昭和六十三年四月より制作開始、古事記・日本書紀の記述をもとに編集、御東遷ゆかりの地でロケを行っており、宮崎・高千穂での天孫降臨祭や岡山・本庄国司神社の赤米の祭り、神武天皇の御歌にもとづく久米舞など貴重な神事も盛り込まれている。また、平成元年十一月には、写真帖『橿原神宮』も出版されている。「この写真帖は、50年の歳月で一段と森厳さを加えてきた神域社殿のたたずまい、年間を通じての祭典や諸行事を、編集収録し、御鎮座百年の今日の神宮の様相をご紹介する意図のもとに作成」（あとがき）したものである。平成二年一月十六日から開始した「正式参拝とまほろば御膳」の企画も好評であった。

なお、百年記念大祭の記録は、平成三年二月に『橿原神宮百年記念大祭記録集』としてまとめられた。同書の「ごあいさつ」には次のように記されている。

ごあいさつ

平成二年の四月一日から八日までの八日間、橿原神宮御鎮座百年記念大祭の祭典並びに奉祝行事が盛大にとり行われました。とくに、地元橿原市民をあげての参加をはじめ、奈良県下、大阪近郊は勿論のこと、全国にわたるご崇敬の方々の参拝をお迎えして、当初の予定通り１００万人の参加の下に記念すべき祭典・行事がすべて実施できましたことは、ひとえに皆様のご支援ご協力のたまものと感謝にたえません。

橿原神宮にとりましては、昭和十五年の紀元２６００年の拡張造営に、１２０万人の国民が勤労奉仕に参加していただいた国家的大事業以来、まさに五十年ぶりの大盛典でありました。神宮にお勤めする者にとりましても、生涯に再び経験することのない、尊い体験ができましたことは大きな喜びでありました。

平成二年は、新しい世代の御代替わり、しかも、歴史に遺る御一代に一度の御大礼の重儀がとり行われた節目の年でありました。このめぐり合わせに思いをいたすとき、神宮にとっての歴史を画するこの百年記念大祭の悠遠なる意義が改めて感じられます。明治二十三年の御鎮座以来１００年という神宮の歴史は、さ程永い年代ではありませんが、帝国憲法の制定、議会の開会、教育勅語の御渙発と、めじろ押しに近代日本の発展の基礎が確立した年代とまさに軌を一にしています。これらのことを考え合わせると、神武御創業に還ることを規範とすべく明治維新の理想を定められた明治天皇の大御心がいっそう偲ばれてきます。
１００年ののちの平成のあらた代に、この記念大祭が、今後の新しい日本の発展を願ってやまない次の世代の人々への、懐かしい思い出になれば幸いです。

橿原神宮宮司　山田　正

紀元二千六百五十年、御大典奉祝（平成二年）(14)

平成二年という年は、平成の即位礼・大嘗祭の佳節であり、紀元二千六百五十年、教育勅語渙発百年、橿原神宮御鎮座百年、と幾重にも重なる節目の年であった。

四月二十九日には、昭和天皇御誕生日がみどりの日となったことにともない、従前の天長節にかわって、昭和天皇奉賛感謝祭をとりおこない、昭和天皇の御聖徳を偲んだ。平成十九年に昭和の日が制定されて以後は、昭和祭として斎行されている。

紀元二千六百五十年を迎えるにあたっては、平成元年以来、日本を守る会、日本を守る国民会議、日本の建国を祝う会などが中心となって、皇紀二千六百五十年を国民的規模で盛大にお祝いしようと皇紀二千六百五十年奉祝実行委員会が設立されている。神宮においても当初よりこの奉祝委員会に参画し、推進をはかってきた。

平成元年八月二十日から九月十三日まで、日本を守る国民会議主催による夏季全国縦断キャラバン隊には神宮の職員も同行、各地で映画「日本のあけぼの　神武天皇」の上映会を開催し、多大な反響があった。

平成二年九月二十六日・二十七日には、神道青年全国協議会主催による紀元二千六百五十年奉祝式典・祭典が行われた。二十六日の奉祝式典（於、橿原文化会館）には千百名が参加、御大典を奉祝し、国栖奏と和舞も奏された。翌二十七日には山田宮司を斎主として、全国からの神道青年全国協議会会員およそ百名が祭員となって祭典を奉仕。二百名が参列し、厳正のうちに終了した。

秋季大祭の十月三日には、皇基無窮祈願祭がおこなわれた。祭典には五百五十名が参列して皇統の連綿と日本国の弥栄を祈願。京都の生間流庖丁式が、生間正保家元により奉納された。

十月二十五日には、御大典奉祝奈良県神社関係者大会が内拝殿で開かれ、神宮会館では御大典記録写真パネル展も開催されている。

十一月二十三日には、天皇陛下よりの幣帛を奉って大嘗祭当日大祭を斎行。全国から約九百人が参列した。また、神武天皇ゆかりの久米舞も神宮の職員によって奉納。久米舞は、神武天皇が大和の菟田（宇陀）を平定された際に、久米部の兵をねぎらい歌われた御歌を起源とする。平安時代より大嘗祭の豊明節会にて舞われるようになり、室町時代中期以降の中絶を経て、文政元年（一八一八）再興されて御大礼に奏された。明治十一年から昭和二十年までは紀元節の賀宴にて舞われている。神宮においては従来、祭典にて、神宮外の方々によって奉納されていたものの、御

写真 15　久米舞

祭神・神武天皇にもっとも由縁の深い歌舞であるこの久米舞を、御鎮座百年記念に久米舞装束一揃えと四人舞の四領が篤志家より寄進されたこともあって、御大典に備えて神宮職員によって奉奏することをめざすこととし、半年にわたり宮内庁楽部の多忠麿の指導を受けて、この日の大嘗祭当日大祭で神前に奉納されたものである。以来、毎年の新嘗祭などにおいて職員により神前に奉奏されている。

十二月二日、神武天皇陵に御親謁の天皇皇后両陛下を奉迎。橿原神宮前駅から神武天皇陵までの沿道には一万七千人がお出迎え申し上げた。

第二節　御鎮座百年以後

皇太子殿下御成婚御奉告（平成五年六月）[15]

平成五年六月九日、皇太子徳仁親王殿下と雅子妃殿下の結婚の儀が執り行われ、同月二十七日、神武天皇の畝傍御陵に御奉告のため御参拝になられた。

皇室の方々の畝傍御陵への御参拝は御陵のみで、橿原神宮には御参拝になられないのが例となっている。これは、宮内庁では皇室の旧儀によって諸儀式をすすめられているからで、皇太子殿下御成婚の御奉告についても、昭和二十二年に廃止された旧皇室令に定められたその次第に準拠する形で行われている。

神宮では、昭和三十四年の皇太子殿下（当時）御成婚に際して、宮内庁長官に橿原神宮お立ち寄りにつき請願したところであったが、実現に至らなかった。以後神宮では、皇族方は、御陵を通して橿原神宮にも御奉告なさっておられるものと拝察して、御陵奉告参拝のあった場合、御陵へ御参拝の時間に合わせて橿原神宮の本殿近くに伺候すること度々であった。このたびの御慶事ならびにその御奉告にあたっては、御陵における宮内庁掌典の方の奉仕同様、当神宮にても奉告祭を執り行うこととし、今後も続けていくこととした。

なおこのたびの御成婚御奉告の御陵御参拝に際しては、皇太子殿下の特別の思召によって橿原神宮にも幣帛を賜わった。これまで前例のないことで、御奉告祭にお供えして御成婚の御奉告ならびに皇太子殿下の弥栄をお祈り申し上げた。

神楽殿の竣工（平成八年六月）(16)

神楽殿は、旧京都御所内の中和院正殿の神嘉殿で、本殿と同様に、安政二年（一八五五）五月に旧状にならって再建されたものであって、明治二十三年の神宮創建に際して明治天皇より下賜され拝殿として移築。明治三十七年二月には古社寺保存法により特別保護建造物に指定され（昭和二十五年、文化財保護法により重要文化財）、昭和六年の境内改修にともない瑞垣で囲われた区画の外に移築して御饌殿、その後、神楽殿となった。

神嘉殿は天皇陛下が土の神と穀物の神をまつられたところで、入母屋造、檜皮葺。桁行七間・梁間四間で、平面積二六四・四一〇平米、五間の身舎の四面に庇を設け、身舎の二間を外陣、三間を内陣とし、その奥、西庇にあたる一間を御神座とする。桁行の柱間は蔀戸、その他の間仕切りは板扉と土壁とし、軒は一軒、妻飾りは扠首組とする。本殿と同様に宮殿建築の形式や意匠を知ることのできる貴重な遺構であり、上代住宅建築の面影も残す建築であった。

写真 16　神楽殿

平成五年二月四日に飛び火により出火、全焼し、内地産の檜材を使用し焼け残った蔀戸や扉も用いて、同じ場所に同じ様式で再建されることとなった。入り口には鉄製の防火壁を、屋外にはスプリンクラー二基を設置するなど、火災対策にも配慮している。平成六年六月二十七日に復元工事起工奉告祭、七年四月二十日に上棟祭を斎行、平成八年六月五日、千八百人が参列して竣功奉告祭が執り行われた。六日・七日にも延べ千人が参集し神楽が奉納された。

広瀬和俊宮司（平成九年七月〜平成十二年五月）(17)

平成九年六月三十日をもって山田正宮司が退任、七月一日、広瀬和俊三峰神社名誉宮司が橿原神宮宮司に任じられた。

広瀬和俊宮司は、埼玉県出身、昭和六年七月十三日生まれ。昭和三十年國學院大學宗教学科卒、三十四年神宮宮掌、同年埼玉県・三峰神社権宮司、四十九年埼玉県神社庁祭式講師、五十年埼玉県地方研修所講師、五十一年秩父宮記念三峰山博物館長、五十五年埼玉県神社庁教化委員長、五十六年「埼玉の神社」調査団長。平成二年三峰神社宮司、また埼玉県神社庁副庁長も務めた。七年同社名誉宮司。平成九年七月一日より橿原神宮宮司をつとめた。平成十二年五月十四日、願により退任。

崇敬会館の竣工（平成十一年十二月）(18)

来たる平成十二年は御鎮座百十年・紀元二千六百六十年の佳節であり、その記念事業の一環として、崇敬会館の建設が行われた。平成十年十二月八日に地鎮祭を斎行、十一年七月十四日の上棟祭を経て、平成十一年十二月十日に竣工奉告祭が執り行われた。

崇敬会館は、鉄筋コンクリート造、三一四、〇三一平米の二階建で、総工費は十五億円。崇敬者休憩フロア、養正殿（大小研修室・奉賛者室）、宝物館、から構成されている。宝物館では、明治天皇御奉納の御太刀や貞明皇后御下賜の木造雉置物のほか、金銅装頭椎太刀（群馬県藤岡市出土）、貼銀金色絵山水人物花鳥八卦八稜鏡など、創建以来奉納になった至宝の名品を展示している。

また、御鎮座百十年記念事業としてはこの他、深田池畔の参詣者休憩所建設や、文華殿の造園工事も実施された。


御鎮座百十年記念大祭（平成十二年四月）(19)

平成十二年四月二日、午前十一時から高円宮憲仁親王・同久子妃両殿下御台臨のもと、九百八十六名が参列して、御鎮座百十年記念大祭が厳粛かつ盛大に斎行された。

祭典では、高円宮家よりの幣帛が奉られたのち、広瀬宮司が祝詞を奏上。参列者がお迎えするなか両殿下が着座、神楽「浦安の舞」が奉納され、両殿下は玉串を奉られた。午後一時からは「翁舞」が奉納された。

前日の四月一日の記念奉祝祭には全国の神社関係者等約千人が参列、また四月三日の神武天皇祭では、例年を上回る参列者があり、吹奏楽や鼓笛隊のパレード、民俗舞踊など披露され、剣道大会、ふるさと朝市など数々の奉祝行事や神賑行事が繰り広げられ、期間中は約十五万人の人出で賑わった。

『神社新報』紙に掲載された、広瀬和俊宮司の御挨拶を転載する。

回顧し奉れば、神武天皇の再臨として大坐し坐した明治大帝のもと、国民の、神武天皇景仰の熱誠は、明治廿三年四月二日の橿原神宮の御鎮座に結実し、その後昭和十五年に紀元二千六百年記念の大事業、平成二年には御鎮座百年奉祝祭といふ大きな節目を経て、今年百十年といふ佳年を迎へ、畏くも高円宮・同妃両殿下の台臨を仰ぎここに御鎮座百十年奉祝の慶事を共有出来ましたことは、まことに御同慶の極みと存じます。また、記念事業の崇敬会館等の建設も、全国の崇敬者の皆様の御賛同を賜り見事に竣功いたしました。ここに深甚なる感謝を申し上げる次第でございます。

さて、父祖の足跡を顧み、今日を案ずれば、我が国は、雅びやかな日本文明を愛惜しつつも、独立をかけて西洋風近代国家を建設し、世界の荒波に乗り出したのですが、遂には敗戦、さらには、伝統精神の面で〝第二の敗戦〟を余儀なくされつつあるといふ憂慮すべき時に際会してをります。この時に当つて、我が国びとは、沈思皇室を敬戴し、本つ国を愛重し、和衷協同して国運を保たなければならないことは申すまでもございませんが、その独立自尊の伝統的精神の淵源となるべく、すがすがしく鎮り坐すのが橿原神宮でございませう。

私共は、ここに御祭神の大御心に沿ひ奉り、橿原神宮は民族の正気の放光するところ、と固くお守りしてゆかねばならないと存じます。

この盛儀にあたり、年来御篤志を重ねられ、奉祝の誠を捧げられた各位に対しまして、深甚なる感謝を申し上げ、謹んで御礼の御挨拶といたします。

伊勢美登宮司（**平成十二年五月〜平成十九年九月**）[20]

平成十二年五月十四日付で広瀬和俊宮司が退任、翌十五日、伊勢美登権宮司が宮司に任じられた。

伊勢美登宮司は、奈良県出身、大正十三年十二月九日生まれ。昭和十六年畝傍中学校卒、十八年運輸省水路部技術官養成所修了、海軍気象部に勤務。二十七年奈良県神社庁録事、二十九年橿原神宮出仕として奉職、三十三年同宮権禰宜、四十三年禰宜、平成九年四月一日権宮司、十二年五月十五日宮司に就任。十九年九月三十日願により退任。名誉宮司となった。平成十五年から十九年まで奈良県神社庁長を務め、神社本庁監事、評議員、国民精神研修財団監事、神道政治連盟監査委員長、同県本部長などを歴任。平成二十一年五月十八日帰幽。八十三歳。

献燈祭の斎行（**平成十二年八月〜**）[21]

御鎮座百十年を記念して、社殿に釣燈籠二百基が奉賛者から寄贈され、平成十二年八月八日、特別崇敬者ら約百人の参列のもと、献燈祭が斎行された。以後毎年行われており、約六百基の釣燈籠が幽玄で荘厳な社殿を映し出している。

天皇皇后両陛下御親拝（平成十四年五月）(22)

平成十三年十二月一日、愛子内親王殿下が御誕生になられ、日本中が奉祝。橿原神宮においても、同月二日に奉告祭が斎行された他、十四年四月二十七日から五月十二日まで「奉祝　内親王殿下御誕生　皇太子同妃両殿下写真パネル展」が行われ、外幣殿回廊に二十八点の写真が展示されて予想を上回る参拝者に好評を博した。

天皇皇后両陛下におかれては、五月二十六日から二十九日まで、第二十六回国際内科学会議開会式に御臨席、あわせて地方事情ご視察のため、京都府・奈良県を行幸啓された。五月二十九日には、橿原神宮に御参拝。御即位十年の御奉告を兼ねた御拝とのよしで、昭和十五年の昭和天皇以来、実に六十二年ぶりとなる。

御親拝に先立ち、午前十時から奉告祭を執り行い両陛下の御到着をお待ち申し上げた。奉迎者は神社関係者など約四百名、一般奉迎者は約三千名にのぼる。

両陛下には、二十九日午前、奈良ホテルをご出発、十一時前に神武天皇の畝傍御陵を参拝された後、十二時半頃に橿原神宮にご到着。伊勢宮司の先導で参道を進まれ、幣殿階下にて玉串を奉り御拝礼になられた。

御親拝後には、奉送迎申し上げた神社関係者に親しくお声をかけられ、両陛下が南神門をお発ちになる際には聖寿の万歳の声が鳴り響いた。

写真 17　天皇皇后両陛下（上皇陛下・上皇后陛下）御参拝（平成 14 年 5 月 29 日）

飛鳥井雅慶宮司

（平成十九年十月〜平成二十三年七月）(23)

平成十九年九月三十日付で伊勢美登宮司が退任、十月一日、元宮内庁掌典次長飛鳥井雅慶が宮司に任じられた。

飛鳥井雅慶宮司は、昭和十二年一月六日生まれ。民間企業勤務を経て、平成八年宮内庁掌典職委嘱掌典、十一年掌典を拝命、十四年から掌典次長を務めた。平成十九年十月一日橿原神宮宮司に就任、また二十一年六月二十六日より奈良県神社庁長。二十三年七月三十一日、願により退任。

御鎮座百二十年記念大祭（平成二十二年四月）㉔

平成二十二年に御鎮座百二十年を迎えるにあたり、記念事業として各社殿の銅板葺替え工事を計画し、平成十八年に幣殿、十九年に北神門、二十年に南神門・南手水舎、二十一年に内拝殿の御屋根葺き替えを終え、二十二年四月二日、秋篠宮文仁親王・同妃紀子両殿下御台臨のもと、御鎮座百二十年記念大祭を斎行した。

祭典は、午前十一時より、九百名が参列、秋篠宮家よりの幣帛を奉り、飛鳥井宮司が祝詞を奏上した後、秋篠宮文仁親王・同紀子妃両殿下には内拝殿に参進し着座された。扇舞の奉奏、バイオリニスト久保陽子氏・ピアニスト弘中孝氏による奉納演奏と続き、両殿下が拝礼。殿下からは「皆様と一緒に参列できましてたいへん嬉しく思います」とのお言葉を賜わった。

前日の四月一日には奉祝祭、三日午前十一時からは一千名が参列して神武天皇祭ならびに御鎮座百二十年記念奉祝祭が斎行され、飛鳥井宮司が祝詞を奏上し、浦安の舞が奉奏された。四日には奉祝行事として女優浅野温子氏の語り舞台「日本神話への誘い」を公演、八百名の来場者があった。二日・三日には神宮周辺で平城遷都千三百年祭「飛鳥・藤原みやび祭」も開催されて、境内は多くの参拝者で賑わいをみせた。また、四月一日、写真帖『橿原神宮』も出版されている。

『神社新報』紙に掲載された、飛鳥井宮司のご挨拶を転載する。

本年は、御祭神であります神武天皇が初代天皇に御即位されて二千六百七十年、また橿原神宮にとりましては御鎮座百二十年の佳節を迎へました。

四月一日から四日にかけては祭典および奉祝行事がおこなはれ、とくに二日には、秋篠宮・同妃両殿下御台臨のもと、畏れ多くもお言葉を賜り、御鎮座百二十年記念大祭が盛大に斎行できましたことはまづ以てありがたく厚く御礼申し上げます。

さて、記念事業として計画してをりました、各社殿の銅板葺き替へ工事につきましては、全国津々浦々の崇敬者の方々からの真心こもる御奉賛により無事に完遂することができました。衷心より重ねて御礼申し上げます。

今後とも当神宮職員一同なほ一層神明奉仕に専念致す所存ではありますが、崇敬者の皆様方におかれましても当神宮の護持運営のため、さらなる御支援と御協力を賜りますやうお願ひ申し上げます。

結びに、御皇室の御安泰と弥栄を御祈念申し上げるとともに御崇敬の方々には御祭神の御神徳を充分お受けいただきますやうお祈り申し上げ、御礼の御挨拶といたします。


栃尾泰治郎宮司（平成二十四年三月〜二十六年二月）㉕

平成二十三年七月三十一日付で飛鳥井雅慶宮司が退任、これより先、五月一日に松中久権宮司が宮司代務者に任じられ、二十四年三月一日、栃尾泰治郎前湊川神社宮司が宮司に就任した。

栃尾泰治郎宮司は、兵庫県出身、昭和十六年六月三十日生まれ。昭和四十年國學院大學神道学専攻科卒、同年神社本庁録事、教学部勤務、五十年同主事、庶務部勤務、五十六年同参事、庶務部長、調査部・総務部長を経て平成二年事務局長に就任。六年湊川神社権宮司、八年同社宮司。平成二十四年三月一日橿原神宮宮司に就任、また二十四年十月四日より奈良県神社庁長。二十六年二月二十四日、願により退任。

久保田昌孝宮司（平成二十六年九月～）[26]

平成二十六年二月二十四日付で栃尾泰治郎宮司が退任、二月二十五日、久保田昌孝権宮司が宮司代務者に任じられ、九月一日、宮司に就任した。

久保田昌孝宮司は、昭和二十六年生まれ。四十九年橿原神宮に奉職、五十年権禰宜、平成九年禰宜、二十六年二月宮司代務者となり、同年九月一日宮司に就任。

神武天皇二千六百年大祭（平成二十八年四月）[27]

『日本書紀』によれば、神武天皇は御即位七十六年の三月甲辰（十一日）、橿原宮にて崩御された。この日本書紀の紀年、いわゆる皇紀では、平成二十八年は、神武天皇が崩御されてより二千六百年にあたる。百年前の大正五年（一九一六）四月三日に神武天皇二千五百年大祭が斎行され

写真 18　神武天皇二千六百年大祭

た例に倣って、大祭並びに記念事業が計画された。

大祭にあたり、準備は三年前から始められ、まず平成二十五年七月から九月にかけ、境内の幣殿をはじめ内拝殿や外拝殿などの各社殿、および北神門、南神門、手水舎、表参道一ノ鳥居、二ノ鳥居等を洗浄。御祭神ゆかりの吉野川上村の山に湧く自然の水が用いられた。

そして、本殿の檜皮葺き屋根の葺替えがおよそ四十年ぶりに行われた。平成二十六年十月二十九日に約三百人参列のもと仮殿遷座祭を斎行。御屋根の葺替えのほか、蔀戸の金具修復、御神宝の調製、勅使館の改修など、工事は滞りなく二月に終了。この間、平成二十七年七月に御本殿特別公開、同年十月にも御本殿特別参拝・秘庭特別公開。工事完了後の平成二十八年二月の御本殿特別公開お清石持ち行事にはのべ一千人が参加した。平成二十八年三月八日、約五百人が参列して、勅使参向のもと本殿遷座祭遷座の儀が、翌九日には奉幣の儀が執り行われた。本殿遷座祭記念として、菟田茂丸著『橿原の遠祖』（原著は平凡社より昭和十五年一月刊）も覆刻された。

平成二十八年四月三日、全国から三千人余りが参列する中、神武天皇二千六百年大祭が斎行された。午前十時、天皇陛下からの幣帛料を納めた辛櫃を奉じて、斎主以下祭員が参進。神饌ならびに幣帛料を神前に奉り、斎主の祝詞奏上、四人の巫女による神楽「扇舞」の奉奏、玉串拝礼が行われた。同日午後には、畏くも天皇皇后両陛下の御参拝を賜わった。

奉祝・神賑行事も多彩に繰り広げられた。前日四月二日には、御鎮座記念祭の後、横綱鶴竜の土俵入り奉納。また、吉野地方国栖の人々による国栖奏も内拝殿にて奉納された。

四月十一日から十七日まで、橿原市主催による「春の神武祭」が、神武天皇二千六百年大祭、橿原市制六十年などを奉祝して、例年以上に盛大に行われた。期間中、３Ｄマッピング「まほろばファンタジア」、外拝殿や鳥居、神宮周辺の参道を蠟燭や照明で浮かび上がらせる「祈りの廻廊」を実施したほか、コンサートなども行われ、十七日の参道パレードは古代衣装行列をはじめ約二千人が華やかに行進した。

五月五日には有楽流献茶祭、同十五日に池坊献華祭、九月十七日に観月会、十月三日にソプラノ歌手畑美枝子のコンサート、翌二十九年三月六日に神社音楽協会・大神神社・橿原神宮による神前神楽舞などの奉納もあった。記念出版として、『古事記』に描かれる神武天皇の業績をまとめた漫画『神武天皇御一代記』（橿原神宮庁編、久松文雄画、平成二十八年四月刊）も出版した。

なお、大祭の記録は、平成二十九年九月に『神武天皇二千六百年祭記録集』としてまとめられた。同書の「ごあいさつ」には次のように記されている。

ごあいさつ

平成二十八年は橿原神宮の御祭神神武天皇様が橿原宮で崩御あそばされてから二千六百年の御式年にあたりますので、例年四月三日の神武天皇祭を神武天皇二千六百年大祭として、さらには畏きあたりよりの御幣帛を大前に奠じ祭典を御奉仕申し上げることが出来ましたこと、洵に有り難きことと深謝申し上げる次第であります。

神武天皇様は天照大神様の御心をこの地上に輝かすべく兄宮様方と日向国から東遷の途につかれ、幾多の困難に遭われたにも拘わらず大和国にお入りになり、畝傍山の東南橿原の地に宮を営み、第一代天皇に即位あそばされ日本の国を建てられました。この御祭神の精神は「皇孫養正」即ち徳を以って民を慈しみ、清く正しい政治を行うという精神と、「八紘為宇」とある世界民族の共存共栄・平和親愛の精神であります。

神武天皇様は御治世七十六年で橿原宮で崩御あそばされましたが、この建国の精神が御歴代の天皇を始め各御皇族そして今日第百二十五代今上陛下に受け継がれていらっしゃるのです。

橿原神宮ではこの二千六百年の御式年を迎えるにあたり、凡そ三年前から各事業を行って参りました。中でも御本殿の檜皮屋根葺替事業は、御本殿が御創建にあたり明治天皇様から下賜された京都御所の内侍所（賢所）であり、国の重要文化財という性格上、文化庁並びに奈良県・橿原市の御指導のもと三十九年ぶりの工事を行いました。また付帯工事としまして、漆塗りの建具や錺金具の修復なども行い平成二十八年一月に無事完遂致しました。三月八日浄闇の中、勅使参向の下、仮殿である幣殿から御本殿へと御神霊にお遷り戴く本殿遷座祭遷座の儀を御奉仕申し上げ、翌九日には天皇陛下よりの幣帛を大前に奉る幣帛の儀を執り行いました。

また他の記念事業と致しましては、大鳥居や社殿・透塀の洗浄、勅使館の補修、文華殿の庭の復元等を行いました。これら全ての祭儀並びに事業を厳粛且つ盛大裡に執り修められましたのも、常日頃より橿原神宮を御崇敬頂いている皆様方を始め関係各位の御支援御協力の賜物と深謝申し上げております。

天皇陛下には四月三日には畝傍山東北陵の神武天皇二千六百年山陵の儀に御参拝され、当神宮で斎行の二千六百年大祭に幣帛を奉られました。更に当日午後、天皇皇后両陛下におかせられましては、畏くも当神宮に御参拝を賜りましたことは誠に有難く、栄誉なこととて感慨深いものでありました。

宮司以下職員一同今後とも御皇室の御繁栄と国家の隆昌、そして世界の平和と人々の安寧を只管大神様に祈念申し上げつつ日々の御奉仕に邁進致すことが、神武天皇様の大御心に繋がることと信じて止みません。

御崇敬各位におかれましては神武天皇様皇后様の御加護のもと、末永い御平安を御祈念申し上げますとともに、今後とも橿原神宮に対しまして幾久しく篤いお心をお寄せ戴きますようお願い申し上げ挨拶と致します。

橿原神宮　第二十代宮司
久保田　昌孝

天皇皇后両陛下御親拝（平成二十八年四月）(28)

同じ平成二十八年四月三日、神武天皇山陵では、天皇皇后両陛下出御のもと、天皇陛下御親祭の神武天皇二千六百年式年祭山陵の儀が執り行われ、御拝礼ののち御告文を奏せられた。あわせて地方事情御視察のため、二日から四日にかけて奈良県に行幸啓。三日午後には橿原神宮に御親拝遊ばされた。

両陛下におかれては、午後三時過ぎに御到着、橿原神宮責任役員や総代をはじめとする特別奉迎者約三百名がお迎えした。久保田宮司が先導申し上げ、幣殿階下にて玉串を奉り御拝礼。その後、崇敬会館宝物館を御視察され、「白銀八面鏡」や明治天皇御奉納の太刀、貞明皇后御下賜の「雉」、画家・堂本印象の「橿原の図」などご覧になられた。特に、神武天皇の御事績が描かれた『肇国創業絵巻』や『神武天皇御一代記御絵巻』に御関心を寄せさせられたという（『神社新報』平成二十八年四月十一日付）。さらには、陛下からはとくに「橿原神宮のこと、これからもまたよろしく頼みます」との優渥なるお言葉を賜わり（『同』四月二十五日付）、また銅鏡及び附属品一式の御下賜を思召されるなど、陛下の神武天皇に寄せられる思いのほどが拝察される。

平成三十年三月十九日に下賜された銅鏡は、青銅製の円鏡で、「橿原の杜」と名付けられる。山本富士夫製作、直径約二十四センチ、鏡背中央に神武天皇や八咫烏、畝傍山、樫の葉を配し、周囲には天皇陛下のお印である「榮」にちなんだ桐文様を施している。附属品には鏡の紐や乾漆螺鈿鏡箱「榮に白樺」などがあり、特に鏡の紐には、皇后陛下が飼育されている蚕「小石丸」の糸が用いられている。皇后陛下におかれては、橿原神宮御参拝にあたって、次の御歌をお詠みになられた。この御歌は、「ふと遠い歴史の彼方から吹いてくるひそやかな風の音を聞くようなお気持ちで、樫の葉のそよぎを聞かれつつ参道をお進みになった際のことをお詠みになっている」（宮内庁侍従職監修『歩み　皇后陛下お言葉集　改訂増補版』）。

神武天皇二千六百年祭にあたり

橿原神宮参拝

遠つ世の風ひそかにも聴くごとく樫の葉そよぐ参道を行く

平成三十一年四月三日には、外幣殿前に歌碑が建立され、お披露目がなされた。

御鎮座百三十年奉祝記念事業㉙

平成三十一年四月三十日に天皇陛下の退位礼正殿の儀、翌五月一日に新天皇陛下の剣璽等承継の儀ならびに即位後朝見の儀が執り行われ、皇太子徳仁親王殿下が百二十六代目の天皇陛下として御即位、年号も令和に改められた。秋には即位礼・大嘗祭をつつがなく終えられ、誠に慶賀の至りである。

そして橿原神宮は、令和二年に御鎮座百三十年の佳節を迎える。四月二日に御鎮座百三十年記念大祭を斎行するにあたり、次のような記念事業を計画し、ご奉賛をお願いした。

御鎮座百三十年奉祝記念事業ご奉賛のお願い

ようこそ日本のはじまり、神武天皇御即位と建国の聖地でありますます橿原神宮に御参拝下さいました。

当神宮は、神武天皇の大いなる建国の精神を広く伝え紡ぐため、明治二十三年四月二日に大和三山のひとつであります畝傍山東南麓橿原宮址に創建鎮座されました。

明年、橿原神宮は御鎮座以来、百三十年を迎えます。

扨て今般、御鎮座の節目を迎えるにあたり当神宮では記念事業の実施を計画しております。

先ず境内にあります四基の鳥居を改修致します。

これらの鳥居は昭和十五年紀元二千六百年にあたり、橿原神宮が宮域拡張整備された際に新しく建造されたもので、八十年近く多くの参拝者をお迎えしてきましたが、長年の自然環境で傷みも激しく改修を余儀なくされる状態となりました。何れの鳥居も台湾阿里山産扁柏材（檜）を使用している貴重なものですので、後世に伝える意味も含め建て替えずに改修することに致しました。また近年、我が国も高齢化社会から超高齢化社会となり、やさしい街づくりが推進される中、橿原神宮でも御参拝頂く全ての方々が心地よくお参り頂けるよう、車椅子やベビーカー等も通りやすいスロープを設けるなど、境内の環境整備を図って参ります。

更には御祭神　神武天皇に関する書籍を発行致すべく準備中であります。

御祭神　神武天皇様は、地球上の誰もがあたかも一つの家族のように仲良く暮らす世界平和の理想を掲げられ建国の大偉業を達成されました。この建国に込められた世界平和の願いは、祖先より連綿と我々日本人の心の中に宿っており、我国悠久の歴史の流れの中で今日もなお、神武天皇様を神武さんと親しみをもって呼び習わされていることは、国民が如何に　神武天皇様を身近に感じて来たかの証拠であると言えましょう。

橿原神宮は、この御聖業を根幹としてこれまでもこれからも、永久に皇室の弥栄と世界平和を祈り国民の延寿と幸福を願って参ります。

皆様には是非に御理解頂きますようお願い申し上げます。

つきましては、このたびの記念事業完遂のため、何卒御賛同を賜わり何分の御奉賛を賜わりますれば幸甚に存じ上げ、この儀、切にお願い申し上げる次第でございます。

平成三十一年一月吉辰

橿原神宮宮司　久保田　昌孝

四基の鳥居、第一鳥居（昭和十四年建立、素木造、明神鳥居）と西参道鳥居（昭和十五年建立、素木造、明神鳥居）は平成三十年十月に着工し、同三十一年三月に完工。続けて北参道鳥居（昭和十二年建立、素木造、明神鳥居）・第二鳥居（同）の改修も終え、令和元年十二月二十四日に竣工奉告祭が執り行われた。

また、表参道と参集所前に車いす用の通路、神楽殿には昇降機を設置して、車いすをご利用の方のための設備を充実。老朽化などがみられた北神門透塀・貴賓館・神宮会館・崇敬会館も改修して、参拝者に清々しくお参りいただけるよう整備を行った。

現在の主な恒例祭典・行事(30)

最後に、現在行われている主な恒例祭典・行事を一覧にして、本章を終えることとする。

一月			
一日	歳旦祭	正月元旦に行われるお祭りで、年の始めにあたり、皇室の御安泰、国民の家内安全、国の繁栄にあわせて世界の平和をお祈りする。
一日～七日	新春初神楽祈禱	新春を迎えて、元旦から七日間、毎朝九時から日没まで行う。旧年の御加護を感謝するとともに、新しい年の御皇室の繁栄、国家の安泰、そして世界平和を御祈禱し、特別御神楽を奉納。あわせて参拝者の開運招福と健康延寿、家庭の繁栄、企業の隆盛を祈願する。初詣には毎年一〇〇万人を超える参拝者で賑わう。
二日	長山稲荷社歳旦祭	
三日	元始祭	正月三日、年の始めにあたって宮中三殿の重儀にならい、皇位の元祖と由来を祝し、国家・国民の繁栄をお祈りする祭典。
五日	書き初め大会（奈良）	昭和二十七年から始められた席上揮毫書初め大会で、参加者は課題を清書して奉納。両地区で約五〇〇〇名が参加する。
六日	書き初め大会（大阪）	

	七日	昭和天皇祭遙拝	
	中旬	神武講社新穀奉献感謝祭	
	下旬	書き初め大会表彰式	
二月	十一日	紀元祭	一年を通じて行われる祭典のうち、最も重要なお祭りで、毎年二月十一日（現在の建国記念の日）に勅使参向のもとに行われる。御祭神の神武天皇が橿原宮で即位された古を偲び、建国創業の御神徳を景仰する国民的祭典として、全国津々浦々から寄せられる奉賛と、数千名に及ぶ参列者によって年々盛大に執り行われる。
	十七日	祈年祭	
	二十三日	天長祭	
三月	初午の日	長山稲荷社初午祭	
	春分の日	春季皇霊祭遙拝	
四月	二日	御鎮座記念祭	明治二十三年四月二日、官幣大社橿原神宮として御鎮座になった日を記念して、毎年四月二日に行われる祭典。

四月	三日	神武天皇祭	神武天皇が崩御された四月三日に執り行われており、古くから「神武さん」と親しまれ、地元はもとより近郷、他府県からの参拝者で社頭は終日賑わう。また境内地では橿原市・橿原市観光協会を中心とした実行委員会による「春の神武祭」が開催され、各種イベントが執り行われる。
	中旬	下種祭	
	二十九日	昭和祭	昭和の天長祭。昭和天皇の御誕生の日にその御遺徳を景仰して皇威の隆昌と国運の発展を祈り、昭和の御代を顕彰する。これに併せて橿原神宮に御奉賛の誠を尽くされた方々に感謝の意を表す祭典が斎行される。
五月	二日	長山稲荷社例祭	長山稲荷社の大祭で、崇敬者の家内安全・商売繁盛等を祈願する。
	五日	有楽流献茶祭	昭和四十二年から行われ、毎年五月五日、神前で濃茶・薄茶の二碗の抹茶を点ててお供えするとともに、参列した社中の方々も境内の拝服席に参席し、神域は終日賑わう。
	上旬	御田植祭	御年の神をお祀りして五穀豊穣を祈念し、穀物が豊かに育ち、稲穂が十分にみのる秋を迎えるための神

六月			事。
	三十日	夏越大祓	一年に二回（六月と十二月）行われる大祓のうち、六月の大祓を「夏越しの大祓」ともいう。日常生活のなかで知らず知らずに犯してしまった半年間の罪けがれを祓い清め、次の半年を無病息災に過ごせるよう願い、心新たに生活を営むべく大きな力を得る大切な神事。
七月	一日	夏越神楽祈禱奉奏	
	下旬	神楽講習会	
八月	一日～五日	林間学園	昭和二十四年から始まる。県内の小学生に参加を呼び掛け、夏休みの五日間（八月上旬）、神宮神域の森林内や施設を利用して、開催。子供たちは自然の中で、科学・歴史・図工・音楽の各教室に分かれて学ぶとともに、総合学習として雅楽の鑑賞、畝傍山登山、オリエンテーリングなど、学校外で集団体験をする。
	八日	献燈祭	平成十二年から始まる。社頭に釣燈籠を奉納された特別奉賛者の、弥栄と家運隆昌祈願の祭典。九月九日の夕刻に約六〇〇基の釣燈籠が幽玄的で荘厳な社

			殿を映し出す。
九月	十二日	神武講社講員安全祈願祭	
	秋分の日	秋季皇霊祭遙拝	
十月	三日	秋季大祭	秋のみのりを報謝する大祭であり、御祭神・神武天皇の果てしなく広く大きな御神恩に感謝申し上げる例祭。祭典では、今年の豊かな実りに奉謝するとともに、国家の繁栄と国民の平安、そして全国の崇敬者の方々の家運隆昌と無病息災を御祈する。
	十七日	神嘗奉祝祭	
	中旬	抜穂祭	境内神田の稲穂がたわわにみのる取り入れのころ、御年の神をお祭りする。
十月～十一月	十月中旬～十一月二十三日	菊花展	毎年十月中旬より十一月二十三日まで、外拝殿前の広庭に県内の菊花愛好者が丹精込めて育て上げた見事な菊が展示される。橿原市菊花愛好会主催により、昭和六十年から現在に至る。
十月～十二月	十月一日～十二月第一日曜	七五三特別祈禱	男児は三歳と五歳、女児は三歳と七歳にあたる年、その成育を感謝して、家族共々神前に参拝し、今後の健やかな成長をお祈りする人生祝事。毎年十月一

			日より、七五三特別祈禱を受付けている。
十一月	三日	明治祭	明治天皇のご聖徳を偲び、皇室の弥栄、国の隆昌を祈願する祭典。石州流家元が神前にてお茶を点て御供えする。
	二十三日	新嘗祭	十一月二十三日、宮中神嘉殿において天皇陛下が新穀を天神地祇に供え、また自らも食せられる。我国の祭のうちでも重要な祭儀のひとつ。橿原神宮においても、神々に収穫を感謝し、大祭としての祭儀が執り行われる。
十二月	二十八日	煤払神事	半年の間に積もった煤を取り払い、清新な気持ちで新年を迎えるための年末神事。
	三十一日	歳末大祓	一年に二回（六月と十二月）行われる大祓のうち、十二月の大祓を「年越しの大祓」ともいう。日常生活のなかで知らず知らずに犯してしまった半年間の罪けがれを祓い清め、次の半年を無病息災に過ごせるよう願い、心新たに生活を営むべく大きな力を得る大切な神事。
		神符遷霊祭	

		除夜祭	年の終わりに際し、一年間の神恩に感謝し、新しい年の幸を祈念する年末掉尾の祭典。篝火を焚き参籠する。
毎月	一日・十一日・二十一日	月次祭	
	二日	長山稲荷社月次祭	
	十一日	敬神婦人会例会	

参考文献

（1）「社務日誌」、橿原市文化財調査会『橿原市の文化財』（橿原市教育委員会、昭和五十年十月）、奈良県文化財保存事務所『重要文化財　橿原神宮本殿・旧織田屋形修理工事報告書』（奈良県教育委員会、昭和五十三年十月）。

（2）橿原神宮庁「佐伯芳彦」（『戦後神道界の群像』神社新報社、平成二十八年七月）を転載。

（3）『神社新報』昭和四十四年十一月二十九日付。

（4）「社務日誌」、『神社新報』昭和四十五年四月二十七日付。

（5）橿原神宮庁「長尾薫」（『戦後神道界の群像』神社新報社、平成二十八年七月）を転載。

（6）「社務日誌」、『神社新報』昭和五十年七月十四日付。

(7)「社務日誌」、橿原市文化財調査会『橿原市の文化財』(橿原市教育委員会、昭和五十年十月)、「厳そかに本殿遷座祭」(『かしはら』六一、昭和五十三年三月)、奈良県文化財保存事務所『重要文化財　橿原神宮本殿・旧織田屋形修理工事報告書』(奈良県教育委員会、昭和五十三年十月)。
(8)中村義雄「国栖奏」(『国史大辞典』四、昭和五十九年二月)、橿原神宮庁『橿原神宮』(橿原神宮庁、平成元年十一月)。
(9)書類「54年度33号　橿原神宮」。
(10)『神社新報』昭和五十五年四月二十一日付。
(11)橿原神宮庁「山田正」(『戦後神道界の群像』神社新報社、平成二十八年七月)を転載。
(12)「社務日誌」、「昭和三十二年恒例祭式伺綴」(祭1-34)、『神社新報』昭和三十年十二月五日付、昭和四十二年十一月十一日付、昭和六十一年十一月二十四日付。
(13)『橿原神宮百年記念大祭記録集』(橿原神宮庁、平成三年二月)。
(14)蒲生美津子「久米舞」(『国史大辞典』四、昭和五十九年二月)、『橿原神宮百年記念大祭記録集』(橿原神宮庁、平成三年二月)、山田正「平成二年の回顧」(『かしはら』一〇〇、平成三年三月)、山田正「久米舞と橿原神宮」(『かしはら』一〇四、平成四年七月)、『神社新報』平成元年八月二十八日付、平成二年十月十五日付、十月二十二日付、十一月十二日付。
(15)「皇太子殿下御成婚奉告のため、神武天皇御陵行啓に際し橿原神宮にお立寄り方の請願について」昭和三十四年二月(B19)、山田正「皇太子御結婚を神武天皇山陵に奉告のため御参拝」(『かしはら』一〇八、平成六年一月)。

(16)「社務日誌」、橿原市文化財調査会『橿原市の文化財』（橿原市教育委員会、昭和五十年十月）、奈良県文化財保存事務所『重要文化財　橿原神宮本殿・旧織田屋形修理工事報告書』（奈良県教育委員会、昭和五十三年十月）、『神社新報』平成六年七月十一日付、平成七年五月十五日付、平成八年六月十七日付。

(17)『神道人名辞典　平成三年改訂版』（神社新報社、平成三年十月）。

(18)「社務日誌」、『神社新報』平成十二年一月一日付・四月十日付、橿原神宮庁『橿原神宮』（橿原神宮庁、平成二十二年四月）。

(19)「社務日誌」、『神社新報』平成十二年四月十日付。

(20)『神道人名辞典　平成三年改訂版』（神社新報社、平成三年十月）、『神社新報』平成二十一年六月一日付。

(21)「社務日誌」、「釣燈籠御奉納ご案内」（『かしはら』一三〇、平成十三年三月）、『神社新報』平成十二年九月四日付。

(22)「社務日誌」、『神社新報』平成十四年五月二十日付・六月十日付。

(23)霞会館華族家系大成編輯委員会編『平成新修旧華族家系大成』上巻（霞会館、平成八年九月）、『神社新報』平成十九年十月八日付。

(24)「社務日誌」、『神社新報』平成二十二年四月十二日付・四月十九日付。

(25)『神道人名辞典　平成三年改訂版』（神社新報社、平成三年十月）、『神社新報』平成二十四年三月十二日付。

(26)『神社新報』平成二十六年九月八日付。

(27)『神武天皇二千六百年祭　記録集』（橿原神宮庁、平成二十九年九月）、ホームページ「神武天皇二千六百年大祭」(http://www.kashiharajingu.or.jp/2600/)、『神社新報』平成二十八年四月二十五日付。

(28)『神武天皇二千六百年祭　記録集』(橿原神宮庁、平成二十九年九月)、ホームページ「神武天皇二千六百年大祭」(http://www.kashiharajingu.or.jp/2600/)、ホームページ「橿原だより」令和元年五月三日付、『神社新報』平成二十八年四月十一日付・四月二十五日付、平成三十年四月二日付、宮内庁侍従職監修『歩み　皇后陛下お言葉集　改訂増補版』(海竜社、平成三十一年三月)。
(29) パンフレット「橿原神宮御鎮座百三十年奉祝記念事業」。
(30) 橿原神宮庁『橿原神宮』(橿原神宮庁、平成二十二年四月)、橿原神宮公式ホームページ。

附一　昭和十八年～終戦における正式・特別参拝者一覧

年月日	参拝者
昭和十八年一月九日	陸軍参謀総長　杉山元
昭和十八年一月十五日	東久邇宮稔彦王殿下
昭和十八年二月十二日	財団法人奉仕会会長・陸軍大将　荒木貞夫
昭和十八年二月二十四日	横須賀補護審検所長　霜山精一
昭和十八年三月五日	満洲国親邦訪日婦人団代表　張東菊ほか約十名
昭和十八年三月二十日	海軍大将　末次信正
昭和十八年三月二十六日	枢密顧問官　清水澄
昭和十八年三月二十七日	陸軍大将　松井石根
昭和十八年四月五日	大阪府警備府司令長官・海軍中将　牧田覚三郎
昭和十八年四月五日	衆議院議長　岡田忠彦、衆議院副議長　内ケ崎作三郎

昭和十八年四月八日	久邇宮徳彦王殿下
昭和十八年四月十一日	旧南支（ママ）軍司令官　陸軍中将　酒井隆
昭和十八年四月十八日	内務大臣　湯沢三千男
昭和十八年四月二十七日	大阪控訴院長　草野
昭和十八年四月二十九日	津地方海軍人事部長・海軍大佐　川岡三十郎ほか十一名
昭和十八年五月一日	外務大臣　重光葵、文部大臣　岡部長景 国務大臣　大麻唯男、前内務大臣　湯沢三千男
昭和十八年五月二日	高野山管長
昭和十八年五月五日	内務大臣　安藤紀三郎
昭和十八年五月六日	農林大臣　山崎達之輔
昭和十八年五月七日	元文部大臣　橋田邦彦、内閣情報局総裁　天羽英二、元内務次官　山崎巌 元警保局長　三好重夫、元警視総監　吉永時
昭和十八年五月九日	前農林大臣　井野碩哉
昭和十八年五月十日	ドイツ大使スターマー夫妻

附一　昭和十八年〜終戦における正式・特別参拝者一覧

昭和十八年五月十一日	支那派遣特命全権大使　谷正之、大使館参事官　太田一郎
昭和十八年五月十八日	朝鮮総督　小磯国昭ほか四名
昭和十八年五月十九日	陸軍大将　荒木貞夫ほか八名
昭和十八年五月二十一日	軍令部総長　永野修身
昭和十八年五月二十二日	舞鶴鎮守府参謀長　高木惣吉少将ほか二名
昭和十八年五月二十四日	第四回訪日経済視察団
昭和十八年五月二十八日	賀陽宮文憲王殿下、桜菊会副会長・陸軍中将　両角三郎
昭和十八年五月三十日	国務大臣　後藤文夫
昭和十八年六月十一日	航空軍司令官、中部第一二一部隊陸軍少将　北島部隊長
昭和十八年六月十二日	大阪営林局長　鈴木一
昭和十八年六月二十一日	伏見宮博義王妃殿下、大政翼賛会事務総長　丸山鶴吉
昭和十八年六月二十七日	津地方海軍人事部長・海軍大佐　川岡三十郎
昭和十八年六月二十九日	マニラ市長レオン・ジ・ギントほか十七名（フィリピン訪日視察団） 大東亜省より十一名

昭和十八年七月三日	緬甸渡日視察団ウ・バ・ルウインほか二十五名
昭和十八年七月八日	唐沢俊樹内務次官、奈良県知事　沢重民
昭和十八年七月二十五日	満鉄総裁　小日山直登
昭和十八年七月二十八日	大竹海兵団長陸軍少将　福田貞三郎
昭和十八年八月二日	奈良県知事　沢重民
昭和十八年八月四日	賀陽宮治憲王殿下、賀陽宮章憲王殿下、昌徳宮李王垠殿下
昭和十八年八月八日	奈良聯隊区司令官　石黒岩太
昭和十八年八月九日	駐日満洲帝国大使館附武官・陸軍少将　劉牧禅
昭和十八年八月十三日	枢密院副議長　鈴木貫太郎
昭和十八年八月二十五日	前満鉄総裁　大村卓一
昭和十八年八月二十八日	憲兵司令部本部長・陸軍少将　森赳
昭和十八年十月十一日	陸軍参謀総長　杉山元
昭和十八年十一月十四日	李鍝公殿下、同妃賛珠殿下、外務大臣　重光葵

附一　昭和十八年～終戦における正式・特別参拝者一覧

昭和十八年十一月二十五日	ジャワ中央参議院議長スカルノ、モハマッド・ハッタ、キ・バグス・ハディクスモ
昭和十八年十二月三日	国務大臣　藤原銀次郎
昭和十八年十二月十五日	賀陽宮美智子女王殿下
昭和十八年十二月十八日	東久邇宮盛厚王殿下、同妃成子内親王殿下
昭和十九年一月八日	文部大臣　岡部長景、陸軍少将　長野栄二
昭和十九年一月十一日	陸軍参謀総長　杉山元
昭和十九年一月十二日	賀陽宮御代理・陸軍中佐　大場軍勝
昭和十九年一月十八日	施政長官　山崎巌
昭和十九年一月十九日	南方開発金庫　本田増蔵、山田乙三
昭和十九年一月二十一日	軍事参議官・陸軍中将　木村兵太郎
昭和十九年一月三十日	陸軍中将　七田一郎
昭和十九年二月十二日	通信院総務局長　小林武治
昭和十九年二月十七日	陸軍中将　常岡完治

昭和十九年二月二十三日	陸軍大佐　濱島高義
昭和十九年二月二十七日	桜菊会副会長・陸軍中将　両角三郎
昭和十九年三月四日	農商大臣　内田信也、運輸通信大臣　五島慶太
昭和十九年三月五日	大蔵大臣　石渡荘太郎
昭和十九年三月七日	満洲帝国興農部大臣　黄富俊一行（訪日視察団）
昭和十九年三月八日	陸軍中将　両角三郎
昭和十九年三月九日	衛生局防空課長　保田武久
昭和十九年三月十五日	内政部長　鈴木直巳
昭和十九年三月十七日	造幣局書記官　太田誠太郎、元帥陸軍大将　杉山元 中部軍司令官・陸軍中将　飯田祥二郎
昭和十九年三月二十五日	元帥海軍大将　永野修身
昭和十九年三月二十六日	内閣顧問　鈴木忠治
昭和十九年三月二十七日	前大蔵大臣　賀屋興宣
昭和十九年四月十一日	近畿県会議長一行

附一　昭和十八年～終戦における正式・特別参拝者一覧

昭和十九年四月十二日	満洲国特命全権大使　王允郷、軍令部総長・海軍大将　嶋田繁太郎
昭和十九年四月十四日	大阪警備府司令長官・海軍中将　大野一郎
昭和十九年四月十五日	奈良地方裁判所検事正　阪元不二男
昭和十九年四月十九日	曹洞宗管長　高階瓏仙
昭和十九年四月二十四日	外務大臣　重光葵
昭和十九年四月二十六日	前運輸通信大臣　八田嘉明
昭和十九年四月三十日	大阪鉄道局長　佐藤栄作一行
昭和十九年五月二日	中華民国汪兆銘主席夫人　陳璧君一行
昭和十九年五月五日	武徳会副会長陸軍大将　奈良武次、浄土宗西山派管長、真宗仏光寺派管長
昭和十九年五月二十五日	中華民国外交部部長　褚民誼、奈良県知事　沢重民
昭和十九年六月三日	賀陽宮邦壽王殿下
昭和十九年六月十二日	陸軍中将　重田徳松
昭和十九年六月十三日	厚生次官　相川勝六

昭和十九年六月十五日	軍事参議官海軍大将　加藤隆義
昭和十九年七月十三日	大東亜錬成院第三部長海軍中将　宍戸好信
昭和十九年七月十五日	東京帝国大学教授　宮地直一
昭和十九年七月十六日	フィリピン駐日大使バルガス
昭和十九年七月十七日	貴族院副議長　佐々木行忠
昭和十九年七月二十日	陸軍中将　川並密
昭和十九年七月二十四日	中華民国衛生署長　陸潤之
昭和十九年七月二十五日	前司法大臣　岩村通世
昭和十九年七月二十七日	前厚生大臣　小泉親彦
昭和十九年七月二十九日	内閣総理大臣　小磯国昭、海軍大臣　米内光政 司法大臣　松阪広政、前総理大臣・陸軍大将　東条英機
昭和十九年八月一日	前内務次官　唐沢俊樹、前警保局長　町村金五、前警視総監　薄田美朝
昭和十九年八月二日	厚生大臣　広瀬久忠、農商大臣　島田俊雄、国務大臣　緒方竹虎
昭和十九年八月三日	島田俊雄農相、広瀬久忠厚相

附一　昭和十八年～終戦における正式・特別参拝者一覧

昭和十九年八月四日	前大東亜大臣　青木一男
昭和十九年八月五日	内務大臣　大達茂雄、文部大臣　二宮治重、国務大臣　児玉秀雄・町田忠治 前国務大臣・大政翼賛会副総裁　後藤文夫、朝鮮総督　阿部信行
昭和十九年八月六日	運輸通信大臣　前田米蔵
昭和十九年八月八日	前運輸通信大臣　五島慶太、前内務大臣　安藤紀三郎
昭和十九年八月九日	文部大臣　二宮治重
昭和十九年八月十日	大阪府知事　池田清
昭和十九年八月十二日	前文部大臣　岡部長景
昭和十九年八月十三日	内務大臣　大達茂雄、運輸通信大臣　前田米蔵、国務大臣　児玉秀雄 陸軍大臣　杉山元、前国務大臣　大麻唯男
昭和十九年八月十四日	杉山元陸相
昭和十九年八月二十二日	枢密院議長・海軍大将　鈴木貫太郎
昭和十九年八月二十四日	前国務大臣　岸信介
昭和十九年八月三十日	軍需大臣　藤原銀次郎、タイ国駐劄特命全権大使　山本熊一

昭和十九年九月七日	特命全権大使　堀切善兵衛
昭和十九年九月十日	侍従長海軍大将　藤田尚徳
昭和十九年九月十二日	在郷軍人会会長・陸軍大将　井上幾太郎
昭和十九年九月十八日	朝鮮総督府政務総監　遠藤柳作
昭和十九年九月二十二日	枢密院副議長　清水澄
昭和十九年九月二十五日	大政翼賛会中央本部事務総長　安藤狂四郎、大審院院長　霜山精一
昭和十九年九月二十六日	東京控訴院長　大森浩太
昭和十九年九月二十九日	大阪財務局長　多田喜一、諸陵寮頭　池田秀吉
昭和十九年十月一日	外務大臣・大東亜大臣　重光葵
昭和十九年十月五日	海軍少将　南郷次郎
昭和十九年十月六日	前大審院院長　長島毅
昭和十九年十月八日	内閣顧問　結城豊太郎
昭和十九年十月十二日	陸軍兵器行政本部長・陸軍中将　菅清二

附一　昭和十八年～終戦における正式・特別参拝者一覧

昭和十九年十月十四日	前侍従長・枢密顧問官・海軍大将　百武三郎
昭和十九年十月二十二日	国務大臣　町田忠治、中華民国陸軍総参謀長　鮑文樾
昭和十九年十月三十日	中華民国国民政府考試院院長　江亢虎
昭和十九年十一月一日	朝香宮鳩彦王殿下、怒兵団長・陸軍中将　河田末三郎
昭和十九年十一月七日	軍事参議官・海軍大将　嶋田繁太郎
昭和十九年十一月十四日	海軍練習聯合航空隊司令長官一行
昭和十九年十一月十五日	貴族院副議長　酒井忠正
昭和十九年十一月十六日	海軍中将　松永貞市
昭和十九年十一月二十七日	大阪海軍警備府司令長官・海軍中将　岡新
昭和十九年十二月二十二日	教育総監・元帥・陸軍大将　畑俊六
昭和十九年十二月三十一日	国務大臣　小林躋造、軍需大臣　吉田茂
昭和二十年一月一日	農商大臣　島田俊雄
昭和二十年二月六日	朝鮮中枢院顧問　伊藤致昊

昭和二十年二月十一日	奈良県知事　沢重民、大阪海軍警備府司令長官・海軍中将　岡新
昭和二十年二月十五日	厚生省衛生局長　沢重民
昭和二十年二月十九日	奈良県知事　小田成就
昭和二十年二月二十五日	大蔵大臣　津島寿一、厚生大臣　相川勝六
昭和二十年三月三十一日	文部大臣　児玉秀雄、国務大臣　広瀬久忠
昭和二十年四月十日	昌徳宮李王垠殿下
昭和二十年四月十二日	奈良聯隊区司令官・陸軍少将　森本伊市郎
昭和二十年四月十三日	陸軍大将　杉山元
昭和二十年四月十六日	陸軍大将・元帥　畑俊六、前総理大臣　小磯国昭 前内閣書記官長・前国務大臣　石渡荘太郎、前大蔵大臣　津島寿一
昭和二十年四月十八日	奈良女子師範学校長　坂井喚三
昭和二十年四月二十日	貴族院議長　徳川圀順
昭和二十年四月二十五日	前内閣総理大臣　小磯国昭、前大蔵大臣　津島寿一 前国務大臣　緒方竹虎、前内閣書記官長　石渡荘太郎

附一　昭和十八年～終戦における正式・特別参拝者一覧

昭和二十年四月二十六日	広島県知事　大塚惟精、前大阪府知事　池田清、前軍需大臣　吉田茂 前農商大臣　島田俊雄、前厚生大臣　相川勝六
昭和二十年四月二十七日	大和海軍航空隊司令・海軍大佐　内田市太郎、奈良県内政部長　荒川又市
昭和二十年四月二十八日	前内務大臣　大達茂雄、大阪府知事　安井英二
昭和二十年四月二十九日	外務大臣　東郷茂徳、内務大臣　安倍源基 文部大臣　太田耕造、運輸通信大臣　小日山直登
昭和二十年四月三十日	賀陽宮邦寿王殿下
昭和二十年五月五日	軍需大臣　豊田貞次郎
昭和二十年五月八日	前運輸大臣　前田米蔵
昭和二十年五月九日	大阪師管区司令官・陸軍中将　渡辺正夫
昭和二十年五月十二日	国務大臣　櫻井兵五郎、大阪府警察局長兼地方参事官　高村坂彦
昭和二十年五月十八日	元内務次官　山崎巌、元警視総監　坂信弥 元内務省警保局長　古井喜実、元情報局次長　三好重夫
昭和二十年五月十九日	農商大臣　石黒忠篤

昭和二十年五月二十日	前外務大臣　重光葵
昭和二十年五月二十三日	中部憲兵隊司令官・陸軍少将　長友次男
昭和二十年六月二十三日	満鉄総裁　山崎元幹、国務大臣兼情報局総裁　下村宏、厚生大臣　岡田忠彦
昭和二十年七月二日	宮内大臣　石渡荘太郎、衆議院議長　島田俊雄 衆議院副議長　勝田永吉、衆議院書記官長　大木操
昭和二十年七月五日	通信院総裁　塩原時三郎
昭和二十年七月七日	大阪地区鉄道司令官・陸軍少将　加藤定
昭和二十年七月八日	フィリピン大統領ラウレル
昭和二十年七月十五日	大和海軍航空隊司令・海軍少将　伊藤良枝
昭和二十年七月十六日	前宮内大臣　松平恒男
昭和二十年七月二十二日	内務大臣　安倍源基
昭和二十年七月二十五日	中部軍管区司令官・陸軍中将　内山栄太郎、聖地顕揚課長　福田善四郎 生駒地方事務所長　植松宗平

「昭和十八年社務日誌」、「昭和十九年正式参拝綴」、「昭和二十年正式参拝綴」より作成。役職名・人名は史料によった。

附二　天皇・皇族親拝記録一覧（昭和十七年以降）

年月日	参拝皇族
昭和十七年七月二十八日	東久邇宮俊彦王殿下
昭和十七年七月二十八日	東久邇宮妃聡子殿下
昭和十七年九月二十日	閑院宮春仁王殿下
昭和十七年十二月九日	賀陽宮邦寿王殿下
昭和十八年一月十五日	東久邇宮稔彦王殿下
昭和十八年四月八日	久邇宮徳彦王殿下
昭和十八年五月二十八日	賀陽宮文憲王殿下
昭和十八年六月二十一日	伏見宮博義王妃朝子殿下
昭和十八年八月四日	賀陽宮治憲王殿下
昭和十八年八月四日	賀陽宮章憲王殿下

昭和十八年八月四日	昌徳宮李王垠殿下
昭和十八年八月十日	賀陽宮美智子女王殿下
昭和十八年十一月十四日	李鍝公殿下
昭和十八年十一月十四日	李鍝公妃殿下
昭和十八年十二月十五日	賀陽宮妃敏子殿下
昭和十八年十二月十五日	賀陽宮美智子女王殿下
昭和十八年十二月十八日	東久邇宮盛厚王殿下
昭和十八年十二月十八日	東久邇宮妃成子内親王殿下
昭和十九年六月三日	賀陽宮邦寿王殿下
昭和十九年十一月一日	朝香宮鳩彦王殿下
昭和二十年四月十日	昌徳宮李王垠殿下
昭和二十年四月三十日	賀陽宮邦寿王殿下
昭和二十年九月九日	東久邇宮稔彦王殿下

附二　天皇・皇族親拝記録一覧（昭和十七年以降）

昭和二十二年三月十一日	皇太子明仁殿下
昭和二十三年五月十日	皇太子明仁殿下
昭和二十四年四月四日	義宮正仁親王殿下
昭和二十五年四月四日	孝宮内親王殿下
昭和二十五年四月四日	順宮内親王殿下
昭和二十五年四月四日	清宮内親王殿下
昭和二十七年八月三日	三笠宮崇仁殿下
昭和二十七年八月三十日	秩父宮妃勢津子殿下
昭和二十七年十月十六日	高松宮宣仁親王殿下
昭和二十八年二月二十五日	皇太子明仁親王殿下
昭和三十年五月十日	神宮祭主　北白川宮妃房子内親王殿下
昭和三十七年四月九日	義宮正仁親王殿下
昭和四十四年十一月十四日	浩宮徳仁親王殿下

昭和四十八年十一月十八日	高松宮宣仁親王殿下
昭和五十二年十一月二十五日	神宮祭主　鷹司和子様
昭和五十三年四月九日	高松宮宣仁親王殿下
昭和五十五年四月二日	高松宮宣仁親王殿下
昭和五十五年四月二日	高松宮妃喜久子殿下
昭和六十年二月十一日	神宮祭主　池田厚子様
平成二年四月二日	常陸宮正仁親王殿下
平成二年四月二日	常陸宮妃華子殿下
平成十二年四月二日	高円宮憲仁親王殿下
平成十二年四月二日	高円宮妃久子殿下
平成十四年五月二十九日	天皇陛下（当時）
平成十四年五月二十九日	皇后陛下（当時）
平成二十二年四月二日	秋篠宮文仁親王殿下

附二　天皇・皇族親拝記録一覧（昭和十七年以降）

平成二十二年四月二日	秋篠宮妃紀子殿下
平成二十八年四月三日	天皇陛下（当時）
平成二十八年四月三日	皇后陛下（当時）

橿原神宮記録より作成

附三　歴代宮司一覧

代	氏名	就任年月日	退任年月日
十一代	菟田茂丸	昭和十二年八月二十八日	昭和十七年六月二十九日
十二代	高階研一	昭和十七年六月二十九日	昭和四十二年十月四日
十三代	佐伯芳彦	昭和四十三年二月七日	昭和四十五年六月十四日（帰幽）
十四代	長尾薫	昭和四十五年七月十三日～宮司代務者 昭和四十六年七月二十六日	昭和五十七年二月二十二日（帰幽）
十五代	山田正	昭和五十七年五月二十六日	平成九年六月三十日
十六代	広瀬和俊	平成九年七月一日	平成十二年五月十四日
十七代	伊勢美登	平成十二年五月十五日	平成十九年九月三十日
十八代	飛鳥井雅慶	平成十九年十月一日	平成二十三年七月三十一日
	松中久（宮司代務者）	平成二十三年八月一日	平成二十四年三月十二日

附三　歴代宮司一覧

十九代	栃尾泰治郎	平成二十四年三月一日	平成二十六年二月二十四日
二十代	久保田昌孝	平成二十六年二月二十五日～宮司代務者 平成二十六日九月一日	～現在

附四　歴代権宮司一覧

代	氏名	就任年月日	退任年月日	在任期間
初代	石上清治	大正九年十月八日	大正十二年五月二十六日	二年七ヶ月十九日
二代	大坪富	大正十二年五月二十六日	大正十四年六月三十日	二年一ヶ月五日
三代	二宮正彰	大正十四年六月三十日	昭和四年三月五日	三年九ヶ月六日
四代	石崎澤次郎	昭和四年三月五日	昭和八年二月六日	三年十一ヶ月二日
五代	片山九皐	昭和八年二月六日	昭和十年八月六日	二年六ヶ月一日
六代	後閑克秀	昭和十年八月六日	昭和十七年三月十九日	六年七ヶ月十四日
七代	長尾薫	昭和十七年三月十九日	昭和十八年三月二十七日	一年九日
八代	篠塚庸之助	昭和十八年三月二十七日	昭和十九年三月十四日	十一ヶ月十九日
九代	草場峻	昭和十九年三月十四日	昭和二十一年二月二日	一年十ヶ月二十日
十代	草場峻	昭和二十一年八月十二日	昭和二十二年四月三十日	八ヶ月十九日

附四　歴代権宮司一覧

十一代	吉田智朗	昭和二十二年六月十九日	昭和二十三年六月三十日	一年十二日
十二代	要邦光	昭和二十三年六月三十日	昭和二十四年六月三十日	一年一日
十三代	高階成章	昭和二十四年六月三十日	昭和二十九年五月十二日	四年十ヶ月十三日
十四代	高階成章	昭和三十二年四月三日	昭和三十九年九月一日	七年四ヶ月二十九日
十五代	長尾薫	昭和三十九年十一月十三日	昭和四十五年七月十三日	四年八ヶ月一日
十六代	山田正	昭和四十七年一月十五日	昭和五十七年五月二十六日	十年四ヶ月十二日
十七代	江角弘	昭和六十三年八月二十五日	平成九年二月二十八日	八年六ヶ月四日
十八代	伊勢美登	平成九年四月一日	平成十二年五月十四日	三年一ヶ月十五日
十九代	鷹森茂	平成十二年七月一日	平成十九年七月三十一日	七年一ヶ月
二十代	松中久	平成十九年八月五日	平成二十六年三月三十一日	六年七ヶ月十四日
二十一代	山田敬介	平成二十六年十二月一日	平成二十九年七月三十一日	二年八ヶ月
二十一代	西野敬一	平成二十六年十二月一日	—	—

附五　橿原神宮全図

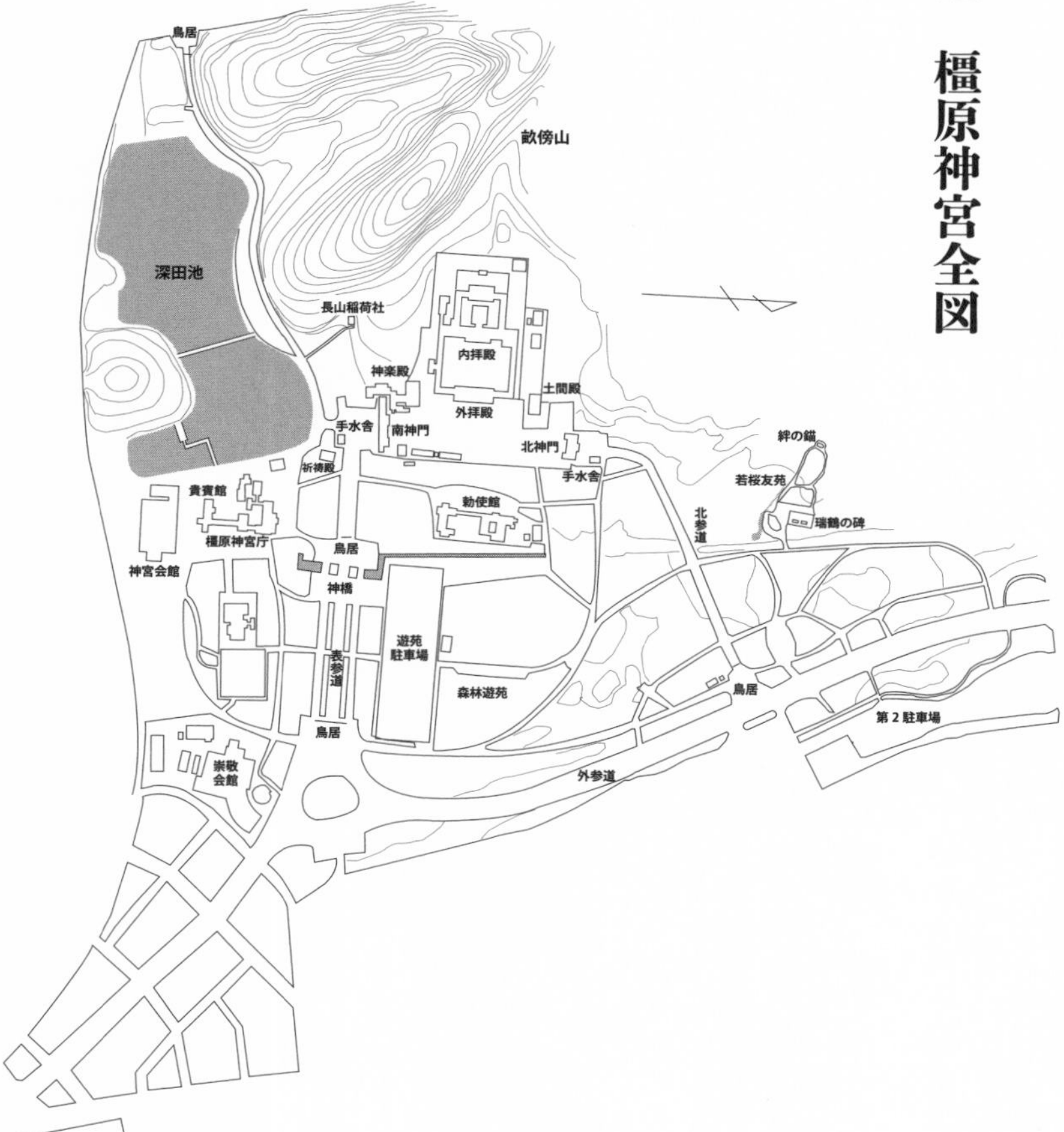
鳥居
畝傍山
深田池
長山稲荷社
内拝殿
神楽殿
土間殿
外拝殿
手水舎
南神門
北神門
絆の錨
祈祷殿
手水舎
若桜友苑
貴賓館
勅使館
北参道
瑞鶴の碑
橿原神宮庁
鳥居
神宮会館
神橋
遊苑駐車場
表参道
森林遊苑
鳥居
第2駐車場
鳥居
崇敬会館
外参道
近鉄 橿原神宮前駅

参考文献一覧

第一章

【書籍・論文・新聞】

・藤田宗光『橿原神宮と建国奉仕隊』（阪神急行電鉄株式会社、昭和十五年）
・橿原神宮編『橿原神宮史』（橿原神宮、昭和五十六年）
・宮内庁編『昭和天皇実録』ＣＤ―Ｒ版（宮内庁、平成二十七年）
・松村寛文「国民義勇隊小論」（『歴史学研究』七二一号、平成十一年）
・朝日新聞記事データベース 聞蔵Ⅱビジュアル

【未刊行史料】

・『自昭和五年宮域拡張事業書類』／昭和五年
・『社務日誌』昭和十七年／昭和十七年
・『政治家及び要人参拝記念写真帳』／昭和十七年～十九年

・『社務日誌』昭和十八年／昭和十八年
・『私祭綴』昭和十八年／昭和十八年
・『雑件綴』昭和十八年／昭和十八年
・『雑書綴』昭和十八年／昭和十八年
・『昭和十八年三月起　大政翼賛会関係書類』／昭和十八年
・『昭和十八年七月起　神宮史編纂ニ関スル秘書綴』／昭和十八年〜二十年
・『昭和十八年度営繕ニ関スル綴』／昭和十八年
・『社務日誌』昭和十九年／昭和十九年
・『官祭綴』昭和十九年／昭和十九年
・『庶務雑件綴』昭和十九年／昭和十九年
・『庶務雑書綴』昭和十九年／昭和十九年
・『受付発送簿』／昭和十九年
・『軍用飛行機献納資金献金ニ関スル諸往復綴』／昭和十九年
・『昭和十九年十一月起　軍用機献納願発送先』／昭和十九年
・『昭和十九年度書類綴』／昭和十九年
・『髙市郡内国民学校勤労奉仕記録簿』／昭和十九年

・『昭和十九年度以降雑件綴』／昭和十九年〜二十年
・『社務日誌』昭和二十年／昭和二十年
・『官祭綴』昭和二十年／昭和二十年
・『私祭綴』昭和二十年／昭和二十年
・『庶務雑件綴』昭和二十年／昭和二十年
・『昭和二十年六月起　橿原聖地国民義勇隊関係書類』／昭和二十年
・『昭和二十一年稿　橿原神宮史』／昭和二十一年

第二章

【書籍・論文】

・鈴木良編『奈良県の百年』（山川出版社、昭和六十年）
・野口裕太「占領期における橿原神宮の維持経営と教化事業」（名古屋大学大学院人文学研究科修士論文、平成二十九年度）

【刊行史料】

・『かしはら』一（昭和二十一年十月十一日付）、二（昭和二十二年七月二十一日付）、一七三（平成三十年

八月）

・木戸日記研究会『木戸幸一日記』下巻（東京大学出版会、昭和四十一年）

・『第十回国会衆議院文部委員会議録第四号』（昭和二十六年）

【未刊行史料】

・『官祭綴』昭和十九年／昭和二十年

・『私祭綴』昭和十九年／昭和二十年以降

・『恒例祭式綴』昭和二十一年～二十六年

・『社務日誌』昭和十九年～二十七年

・『正式参拝綴』昭和二十年

・『庶務雑件綴』昭和二十年／昭和二十一年

・『雑書綴』昭和二十年／昭和二十一年度

・『宗教法人切替事務関係書類』

・『昭和二十年十月　高階宮司還暦祝賀会郵便電信発達簿』

・『昭和二十年十一月　高階宮司還暦祝賀関係書類』

・『昭和二十一年春季大祭一件』

・『昭和二十一年庶務雑書綴』
・『昭和二十二年雑件綴』
・『昭和二十二年日件録』
・『昭和二十三年往復文書綴』
・『自昭和二十三年秋季大祭関係綴』（昭和三十年まで）
・『昭和二十三年事業関係綴』（昭和二十七年まで）
・『昭和三十二年起　神武講社関係綴』
・『日件録』昭和二十一年度／二十二年
・「橿原だより」第五、六（昭和二十六年）、二十一号（昭和二十七年）

第三章

【書籍・論文】

・菅沼孝之・辰巳博史「橿原神宮の森」（『橿原市史』下巻、橿原市役所、昭和六十二年三月）
・山田正「高階研一」（『季刊悠久』三十、昭和六十二年七月）
・田中卓「「建国記念の日」をめぐる論争」（『田中卓評論集4　祖国再建　下』青々企画、平成十八年十二月）

・松木貞雄「日本の文学碑」（http://www.yin.or.jp/user/sakaguchi/bungaku.html）

【刊行史料】

・『第十回国会参議院予算委員会会議録第二十三号』（昭和二十六年）
・『神社新報』昭和二十六年十二月三日付、二十八年二月二十三日付、三月九日付、十一月十六日付、二十九年二月二十二日付、三十一年二月四日付、三十四年二月七日付、三十六年一月二十一日付、四十一年十二月十七日付、四十二年二月二十五日付
・『橿原だより』号外（昭和二十八年二月）、号外（昭和三十一年二月）
・『かしはら』七（昭和三十三年一月）、八（昭和三十五年七月）、一三（昭和三十七年二月）、三一（昭和四十三年三月）
・『犯罪白書』昭和三十五年版・昭和五十年版・昭和五十一年版（法務省ホームページ）
・「橿原神宮のお家騒動」（掲載紙不明、昭和三十九年九月一日付）
・「橿原だより」（橿原神宮公式ホームページ）

【未刊行史料】

・『社務日誌』昭和二十七年〜

・『自昭和二十三年　秋季大祭関係綴』
・『自昭和二十六年至昭和三十一年　例祭ニ関スル書類綴』
・『御本殿盗難被害一件書類』昭和二十八年
・『昭和三十七年御神火行進書類』
・「背任罪の告発」昭和三十八年
・「上申書」昭和三十八年
・「橿原神宮飛地境内の沿革並びに処分の顚末」昭和三十九年

第四章

【書籍・論文】

・橿原市文化財調査会『橿原市の文化財』（橿原市教育委員会、昭和五十年十月）
・奈良県文化財保存事務所『重要文化財　橿原神宮本殿・旧織田屋形修理工事報告書』（奈良県教育委員会、昭和五十三年十月）
・中村義雄「国栖奏」（『国史大辞典』四、吉川弘文館、昭和五十九年二月）
・蒲生美津子「久米舞」（同右）
・橿原神宮庁『橿原神宮』（橿原神宮庁、平成元年十一月）

・橿原神宮庁『橿原神宮百年記念大祭記録集』（橿原神宮庁、平成三年二月）
・神社新報社『神道人名辞典　平成三年改訂版』（神社新報社、平成三年十月）
・霞会館華族家系大成編輯委員会『平成新修旧華族家系大成』上巻（霞会館、平成八年九月）
・橿原神宮庁『橿原神宮』（橿原神宮庁、平成二十二年四月）
・神社新報社編『戦後神道界の群像』（神社新報社、平成二十八年七月）
・橿原神宮庁『神武天皇二千六百年祭　記録集』（橿原神宮庁、平成二十九年九月）
・宮内庁侍従職『歩み　皇后陛下お言葉集　改訂増補版』（海竜社、平成三十一年三月）

【刊行史料】

・『神社新報』昭和三十年十二月五日付、四十二年十一月十一日付、四十四年十一月二十九日付、四十五年四月二十七日付、五十年七月十四日付、五十五年四月二十一日付、六十一年十一月二十四日付、平成元年八月二十八日付、二年十月十五日付、十月二十二日付、十一月十二日付、六年七月十一日付、七年五月十五日付、八年六月十七日付、十二年一月一日付、四月十日付、九月四日付、十四年五月二十日付、六月十日付、十九年十月八日付、二十一年六月一日付、二十二年四月十二日付、四月十九日付、二十四年三月十二日付、二十六年九月八日付、二十八年四月十一日付、四月二十五日付、三十年四月二日付

・『かしはら』六一（昭和五十三年三月）、一〇〇（平成三年三月）、一〇四（平成四年七月）、一〇八（平成六年一月）、一三〇（平成十三年三月）
・「神武天皇二千六百年大祭」（橿原神宮公式ホームページ）
・「橿原だより」（同右）
・「橿原神宮御鎮座百三十年奉祝記念事業」（パンフレット）

【未刊行史料】

・『昭和三十二年恒例祭式伺綴』
・「皇太子殿下御成婚奉告のため、神武天皇陵行啓に際し橿原神宮にお立ち寄り方の請願について」昭和三十四年
・『社務日誌』昭和四十二年〜
・『五十四年度三十三号　橿原神宮』

執筆者略歴

監修

田浦雅徳（たうら まさのり）

昭和二十八年生。皇學館大学特命教授、アドミッション・オフィス室長。博士（文学）。主な著書に伊藤隆編『日本近代史の再構築』（山川出版社、平成五年）、『伊勢市史』第四巻近代編（平成二十四年）、ジョン・ブリーン編『変容する聖地　伊勢』（思文閣出版、平成二十八年）（いずれも共著）。

第一章・第二章（文化社会事業の構想と展開）・附

長谷川怜（はせがわ れい）

昭和六十一年生。皇學館大学文学部国史学科助教。主な著書に千葉功監修・尚友倶楽部・長谷川怜編『貴族院・研究会写真集』（芙蓉書房出版、平成二十五年）、朴美貞・長谷川怜編『日本帝国の表象』（えにし書房、平成二十八年）、生琉里教会編『満洲天理村十年史』解説（えにし書房、平成三十一年）。

第二章

谷口裕信（たにぐち ひろのぶ）

昭和五十年生。皇學館大学文学部国史学科准教授。博士（文学）。主な著書に『伊勢市史』第四巻近代編（平成二十四年）、ジョン・ブリーン編『変容する聖地　伊勢』（思文閣出版、平成二十八年）（いずれも共著）、主な論文に「近代の伊勢参宮と宇治山田の旅館業」（『明治聖徳記念学会紀要』五〇、平成二十五年）がある。

第三・四章

大平和典（おおひら かずのり）

昭和五十三年生。元皇學館大学研究開発推進センター准教授。博士（文学）。主な著書に『皇學館大學百三十年史』全五冊・人名索引一冊（共編著、学校法人皇學館、平成二十四年～平成二十七年）、『日本後紀の研究』（国書刊行会、平成三十年）、『皇學館史話』（皇學館大学出版部、令和元年）。

橿原神宮史《かしはらじんぐうし》 続編《ぞくへん》

令和2年4月2日初版第1刷発行

監　　修　田浦雅徳
発 行 者　宮司 久保田昌孝
発 行 所　橿原神宮庁
〒 634-8550　奈良県橿原市久米町 934
Tel. 0744-22-3271　Fax. 0744-24-7720
URL：http://www.kashiharajingu.or.jp/
発　　売　株式会社国書刊行会
〒 174-0056　東京都板橋区志村 1-13-15
Tel. 03-5970-7421　Fax. 03-5970-7427
E-mail：info@kokusho.co.jp
URL：https://www.kokusho.co.jp
装　　幀　鈴木正道（Suzuki Design）
印　　刷　創栄図書印刷株式会社
製　　本　株式会社ブックアート
ISBN 978-4-336-06668-8